I D E O M S

使って楽しい
英語イディオム
400選　由来と用例

大喜多 喜夫
OKITA, Yoshio

When pigs fly

関西学院大学出版会

まえがき

　言語には、それぞれに特徴的な慣用表現や比喩的な表現があります。なかには、その意味は表現を構成している個々の単語からは想像しがたいものもあります。しかし、これらは日常のコミュニケーションのなかで効果的に使われ、難しい言葉を駆使することなく、ある時には直接的に端的に、またある時には遠まわしに、言いたいことが伝えられます。英語ではそれらを広くイディオムと呼びます。

　もちろん英語以外の言語についても同様だと思いますが、英語圏の映画やテレビ番組を見ていると、あちこちにギャグやユーモアを交えた会話が交わされます。一コマ漫画や連続漫画、もちろん、日常の対話でも同じです。これらのなかで使われるギャグやユーモアには、英語独特のイディオムをパロディ化して楽しむ、つまり、イディオムを土台にして言葉遊びをしている場合が多くあります。これらのギャグやユーモアを味わうためには、イディオムの持っている意味やその由来に、普段から親しんでおく必要があります。

　イディオムの意味の由来を知るもう1つの意義は、言葉としての英語が育まれてきた文化的な、社会的な、さらに歴史的な背景を知ることができる点です。これを、日本語が育まれてきた背景と比較することで、両方の言語を取り巻く広い意味での文化の違いを理解できます。例えば、本書で紹介したイディオム like turkeys voting for Christmas の由来と意味を知ると、英米社会での七面鳥の持つユニークな文化的側面をうかがうことができます。

　この本では、扱ったイディオムの意味が理解しやすいように、実際の使用例を、日常起こるようなさまざまな場面を想定して対話形式でまとめました。設定した対話の場面は、生徒同士、教師と生徒、上司と部下、従業員同士、家庭内での夫婦・親子、孫と祖父母、医者と患者、店員と客、タクシー運転手と客、弁護士とクライアント、野球やテニスの試合を観戦している友達同士、観光地を訪れている旅行客同士、事故現場で職務質問する警官と目撃者など、日常起こるような場面です。いろいろな学習環境で役立てていただきたいと思います。なお、本書を出版するにあたり戸坂美果さんには、大変なお世話になりました。この場をおかりしてお礼申し上げます。

2020 年 2 月

大喜多 喜夫

もくじ

まえがき 2

本書で紹介したイディオムについて 4
由来について 4
使用年代について 4

参考資料 5

イディオム 7

イディオム一覧 230

主要語句INDEX 239

コラム一覧

聖書が由来のイディオム 18
史実が由来のイディオム 60
本・映画・新聞などからのイディオム 70
習慣などが由来のイディオム 106
比較的新しいイディオム 172
イディオム・ジョーク① 212
イディオム・ジョーク② 214

本書で紹介したイディオムについて

　本書で紹介したイディオムは、英語を母語として使用している人が、現在、日常使っているものです。もちろん、ネイティブ・スピーカーのあいだでも、地域や年齢差によって、あるいは個人によって、なじみさの程度や使用の状況に、多少のばらつきがあるかもしれません。なお、アメリカ英語、あるいはイギリス英語の傾向がある場合は、それを明記しました。

- -

由来について

　イディオムの由来に関して、諸説のあるものについては、複数の参考資料から考えて真実性の高いものを紹介しました。

　イディオムの由来を説明するなかで、もともと中世などで使用されていた英語にさかのぼり、説明しなければならないときがあります。この場合、ほとんどの場合、読みやすいように、現代使用されているスペルと文法にならって本書では表示しました。また、由来が英語以外のものについては、一部を除き、もとの言語ではなく、これを英語に書き改めたものを本書では提示しました。

- -

使用年代について

　それぞれのイディオムに関して、使用が始まった年代を調査し表記しました。年代については、文献として記録に残されているものに基づいているので、話し言葉のなかでは、それより以前から使われていたことが容易に想像されます。なお、年代の調査については、おもに *Oxford English Dictionary* のほか、下記に紹介した参考資料を利用しました。

参考資料

Ammer, C. 2013. *The American Heritage Dictionary of Idioms* 2nd. Boston, MA: Houghton Mifflin Harcourt.

Dent, S. (ed.) 2018. *Brewer's Dictionary of Phrase & Fable* 20th. Glasgow: Chambers Publishing Ltd.

Flavell, R. & L. Flavell. 2016. *Dictionary of Idioms and their Origins*. London: Kyle Cathie Ltd.

Flavell, R. & L. Flavell. 2016. *Dictionary of Proverbs and their Origins*. London: Kyle Cathie Ltd.

Hendrickson, R. 2008. *The Facts on File Encyclopedia of Word and Phrase Origins* 4th. New York, NY: Facts On File.

Pickett, J. (ed). 2000. *The American Heritage Dictionary of the English Language* 4th. Boston, MA: Houghton Mifflin Harcourt.

Hands, P. (ed). 2012. *Collins COBUILD Idioms Dictionary* 3rd. Glasgow: Harper Collins Publishers.

Siefring, J. (ed). 2004. *The Oxford Dictionary of Idioms* 2nd. Oxford: Oxford University Press.

Speake, J. (ed). 2015. *Oxford Dictionary of Proverbs* 6th. Oxford: Oxford University Press.

St. Clair, S. 2015. *Most Comprehensive Origins of Clichés, Proverbs, and Figurative Expressions*. Mc Minnville, TN: St. Clair Publications.

St. Clair, S. 2016. *Most Comprehensive Origins of Clichés, Proverbs, and Figurative Expressions Volume II*. Mc Minnville, TN: St. Clair Publications.

Terban, M. 1996. *Scholastic Dictionary of Idioms*. New York, NY: Scholastic Inc.

Oxford English Dictionary on line at Kwansei Gakuin University Library.

http://www.barrypopik.com/index.php/new_york_city/entry/a_face_for_radio/ (Dec 10,2019)

https://english.stackexchange.com/questions/115308/whats-the-origin-of-the-saying-know-your-onions (Nov10,2019)

https://learningenglish.voanews.com/

https://www.bbc.co.uk/learningenglish/

https://www.word-detective.com/2009/09/green-thumb/(Dec 10,2019)

To Haruka,
Ryoichiro,
and
Shoichi.

イディオム

Accident waiting to happen, an

How did it happen?

It was **an accident waiting to happen**.

So you think it was an "act of God."

Well, you can put it like that.

Ace in the hole, an

Now what should we do? It looks like we're stuck.

No, we aren't.

Yes, we are. There's only one way left to go, and that is…give up.

It's still too early. I think I have **an ace in the hole**. Let's ask Thomas.

Across the pond

(At the airport)

Hi, could I get a ride to London Bridge Station?

Yes, ma'am. Where did you fly from?

From **across the pond**.

Oh, yes. I might have known. I could almost tell from your accent.

Act one's age, and not one's shoe size

I can't believe I've turned fifty. Do you know what Mom said on the phone this morning?

I have no idea. Tell me.

"You are old enough to **act your age, and not your shoe size**."

Ha, ha. What she really means is to "act HER age."

たまたま起こったこと

どのようにして、それは起こったんだ？

——たまたまだよ。

つまり、『神の仕業』ということか？

——そうね、そうとも言えるね。

1700 年代からの Accidents will happen.（事故は起こるもの）、または 1800 年代からの Accidents will happen in the best-regulated families.（きちんとした家でも思わぬことは起きるもの）の諺に由来。「避けることができない偶然の出来事」の意味で 1920 年代から。

最後の切り札

さあ、どうしようか？行き詰って、どうしようもないよ。

——そんなことはないよ。

いや、どうすることもできないよ。残された道はただ 1 つ。あきらめることだけさ。

——まだ、それは早いよ。私には最後の手があるよ。トーマスに頼んだら。

ポーカーの 1 種のスタッド・ポーカーが由来。手札としてのカードは表向きに配るが、hole card と呼ばれる 1 枚だけは裏向きに配る。このカードがゲームで最高位の ace（エース）なら、作戦上、優位に立てる。「奥の手」の意味で 1920 年代から。

大西洋の向こう側

（空港で）運転手さん。ロンドン・ブリッジ駅までお願いします。

——分かりました。どちらから（飛行機で）来られましたか？

アメリカからです。

——あっ、やはりそうですね。お話しぶりから、分かるような気がします。

ここでは the pond とは「大西洋」のこと。もともとイギリス表現。イギリス人にとり、アメリカは太平洋の反対側にある。Our side of the pond（ここイギリス）や on both sides of the pond（イギリスでもアメリカでも）などともいう。この意味での the pond は 1600 年の前半から。

年相応の行いをする

私も 50 歳よ、信じられないわ。お母さんが、今朝、電話で何と言ったと思う？

——分からないな。教えてくれよ。

「もういい加減に年相応の振る舞いをしたらどうなの」ってね。

——ははは。それは、お母さんに言いたいことだね。

「靴のサイズでなく年相応に振る舞う」が文字通り。たとえば男性用の 25.5cm の靴は、アメリカで 7.5 のサイズに相当する。7.5 の靴をはく 50 歳の男性に、この表現を言えば「7 歳半の子どもがするようなことをせずに、50 歳らしい行いをしなさい」ということになる。1960 年代より。

A Albatross around someone's neck, an

What do you think about the future of our company?

　　It will totally depend on the results of sales, I guess.

What do you mean?

　　Well, we may have **a** big financial **albatross around our neck**
　　if we can't reach the targets.

All at sea

Our kid is always asking silly questions.

　　What kind of questions, for instance?

"♪London Bridge is falling down♪ Why is it falling down?" We are
all at sea as to what to answer.

　　Oh, that's really cute! I wish I had a daughter like that.

All thumbs

Jane, what was that noise?

　　Mom, come down! Quickly!

Wow, what a mess! What happened?

　　I was setting the table, and I knocked over the bowl. Oh, I am
　　all thumbs.

Alphabet soup

I submitted the application not a moment too soon.

　　What took you so long? You had plenty of
　　time.

Well, the form was like **alphabet soup**. It was full of
unfamiliar short words.

　　Application forms are like that.

〜の頭痛の種

　私達の会社の未来を、どう思いますか？

　　　──売り上げの結果次第だろうな。

　というと？

　　　──目標に達しないと、財政的に厄介な問題を抱えるかも知れないしね。

イギリスの詩人 S. コールリッジ『老水夫行』（1798 年）から。このなかに、風がなく帆船が進めない時、albatross（あほうどり）を殺した水夫が首に鳥の死体を巻かれ、責められる場面がある。もともと船員の間には、この鳥は希望の象徴で、殺すと不幸が訪れるという迷信があった。

全く当惑している

　うちの子は、いつもばかげた質問をしているんだ。

　　　──たとえば、どんな質問だね。

　「♪ロンドン橋落ちる♪ なんで落ちるの？」全く、答えに窮するよね。

　　　──可愛いじゃないか。僕にも、そんな娘が欲しいね。

計器などが不充分だった頃、船はできるだけ陸地に沿って航行した。しかし、突然の強風に沖に流され、陸にある目印も確認できず、方向を見失うこともあった。そうなると、なすすべもなく、まさに「万事休す」。1700 年代の中頃からの表現。At sea だけでも使う。

不器用な

　ジェーン、今さっきの音は何？

　　　──お母さん、降りてきてちょうだい。急いで。

　わー、何てこと。どうしたの？

　　　──食事の準備をしていて、ボウルをひっくり返したの。私って本当に不器用だわ。

親指のおかげで、箸や筆を持ったり、物を拾い上げたり、握ったりできる。しかし指がすべて親指なら、逆にいろいろな作業がしにくくなる。スマホやキーボードも扱えなくなるだろう。1500 年代中頃には Each finger is a thumb.（どの指も親指だ）の表現が見られる。

理解しにくい表現

　ぎりぎりのところで、申込書を提出したよ。

　　　──なぜ、そんなに時間がかかったんだい？ 時間は充分にあったんだろう。

　うん、その用紙にはやたらと耳慣れない短縮語があってさ。

　　　──ああ、申込書というのはそんなものさ。

1900 年代初め、アルファベット 26 文字のパスタが販売された。Soup（スープ）に入れると楽しいが、文字としては、意味不明の頭字語（例えば USA や WHO など）が集まっているだけにしか見えない。分かりにくい行政関係の文章を皮肉る表現として 1980 年代後半から。

Another kettle of fish

I suppose we should start looking at buying a new refrigerator.

> Yes, of course, before it breaks down. We've used it for ages.

And they changed the era name.

> That's **another kettle of fish**.

Any way you slice it

I still don't want to believe our dog bit the girl.

> But you saw the bite marks from your dog, didn't you?

Yes, but... He is such a nice dog. It's hard to accept it.

> I know, but it's a fact **any way you slice it**.

Apple never falls far from the tree, the

Did you see Mary's daughter at the party?

> Yes, she looks like Mary, doesn't she?

They could be sisters.

> They laugh and talk just alike, too. **The apple sure doesn't fall far from the tree**.

Apple of someone's eye, the

Grandma is a health nut.

> Does she do physical training or something to stay fit?

No, it's nothing like that. She is always telling me to eat a lot of vegetables.

> You're **the apple of her eye**. That's why.

別問題

そろそろ冷蔵庫を買い替えようか。

　　——ほんとにね、壊れてしまわないうちにね。何年も使ってきたし。

それに元号も改められたことだし。

　　——それは関係ないだろう。

1900 年代前半より。1700 年代からの表現 fine kettle of fish（困った問題）がもとになっている。ここでの kettle は「湯沸かし」でなく、kiddle（魚をとる仕掛け）がなまったもの。この仕掛けに大きな魚が入ると暴れて大変だったことが、そもそも fine kettle of fish の由来。

どう見ても

私たちの犬が、あの娘さんを噛んだなんて、まだ信じたくありません。

　　——でも、あなたの犬が噛んだ跡をご覧になったでしょう？

はい。でも、あんなに優しいワンちゃんがね。信じられないですよ。

　　——分かります。でもね、どう見ても噛んだことは事実ですよ。

食べ物を slice（薄切りする）時、厚さが違っても、その物であることに変わりない。「どう考えても」の意味で 1930 年代から。No matter how thick or thin you slice it.（「どう厚く、あるいは薄く切っても」が文字通り）などともいう。

子は親に似る

パーティーでメアリーのお嬢さんに会った？

　　——ええ。メアリーに似てるよね。

姉と妹みたいでしょう。

　　——笑い方や話し方もそっくりね。子は親に似るってよく言ったものね。

子どもの性格や風貌は親に似るので、誰の子どもであるのかはすぐ分かる。これを、落ちている林檎を見れば（果実は木の真下に落ちて、決して遠く離れた場所に落ちないので）それがどの木に実っていたか簡単に分かることにたとえている。1800 年代の前半から。

〜のかけがえのない人や物

おばあちゃんは健康を、いやに気にしていてね。

　　——健康を保つのに体操か何か、しているんですか？

そんなことでなくて、私にたくさん野菜を食べろって、いつもうるさいのよ。

　　——あなたのことを大切に思っているからよ。

9 世紀、イングランドのエセックス王アルフレッドの残した文に、この表現がある。Apple は「ひとみ」を意味し、旧約聖書「申命記」（32:10）に「主はこれを荒野の地で見出し … 目のひとみのように守られた」とある。これが直接の由来。大切な目の中心にあるのがひとみだ。

Arm and a leg, an

That one over there is the Queen Elizabeth II, the famous cruise ship.

Wow! Magnificent, isn't she? I wish I could cross the Pacific on that ship some day.

I haven't the faintest idea how much it could cost.

An arm and a leg. Keep it as a wish.

Armchair critic, an

His remark was hard to understand.

That can't be helped. He has no practical experience.

So he wasn't the right person to ask for advice.

That's right. He is only **an armchair critic** in a way.

Armed to the teeth

Over there! Can you see the suspects?

Yes...Oh, my god. They are **armed to the teeth**.

Are you ready?

Ready when you are.

As a rule of thumb

That really hurts, doctor.

Well, it seems you have a broken bone in your heel.

How long will it take to knit?

A few weeks, **as a** general **rule of thumb**.

A

多額のお金

向こうにあるのがクイーン・エリザベス 2 世号、有名なクルーズ船だよ。

——わー、すごいわね。あの船でいつか太平洋を横断できたらね。

いくらかかるか、見当もつかないよ。

——すごくかかるんでしょうね。夢として置いておきましょう。

自分の arm（腕）や leg（足）は、大切な体の一部。それらを支払い金の代価として要求されるイメージ。もとアメリカの犯罪者組織で使われた言葉が「途方もないお金」の意味として一般化した。1930 年代から。おもに cost an arm and a leg（大金がかかる）という表現で使用される。

理屈を並べて批評する人

彼の言ったことは難しくて分からなかったよ。

——それは仕方ないよ。実務の経験がないからね。

じゃ、アドバイスを求める適任者じゃなかったんだな。

——そう。ある意味では理屈だけであれこれ言う人だね。

Critic は「批評家」のこと。現場に足を運ぶことなく、あるいは現状を顧みず、ただ armchair（肘掛け椅子）に座って、あれこれともっともらしく意見する人のこと。1800 年代の中頃から。An armchair traveler（本を読んで旅行した気分になる人）の表現もある。

とことん武装している

あそこだ。犯人らが見えるか？

——はい。わあ。すごく重装備ですね。

準備はいいか？

——いつでも。

「歯にまで armed（武装した）」が文字通り。宝物を狙って襲撃しようとする海賊の姿から。一方の手で帆船の綱を握り、他方の手で爆弾を持ち、腰には短剣を差し、teeth（歯）にはナイフがくわえられている。そんな姿がイメージできる。「完全武装している」の意味で 1700 年代中頃から。

大まかに言って

そこが大変痛みます、先生。

——うーん。かかとが骨折しているようだね。

くっつくのにどれほどかかりますか。

——2、3 週間かな。おおよそね。

昔、thumb（親指）を長さの単位としたことから。1 インチ（2.5cm）は親指の一部を基準にしており、その 12 倍が 1 フィート（30cm）、つまり歩幅になる。なお 1 マイル（1.6km）は古代ローマ軍の閲兵行進時の正式な左右歩幅の合計の千倍で、一歩幅は約 80cm。1600 年代から。

As the crow flies

How long does it take to drive to your parents' house?

Almost an hour.

An hour? It's only a few miles **as the crow flies**.

Yes, but we go around downtown more often than not.

At loose ends

What is Mark doing now since graduation?

Nothing. He is **at loose ends** after failing his job interview.

Tell him he can work at my office for a while, will you?

Really? He would jump at that, I think.

At the drop of a hat

Oh, I just got an email. My mother says she is on her way.

Oh no. She is always coming **at the drop of a hat**.

I'll take care of the dining room.

And I will go pick some flowers from the garden to decorate the room.

At the eleventh hour

Did everything go as planned?

Well, we'd thought it would.

What came up?

There was a sudden change in the weather, and it was called off **at the eleventh hour**.

直線で

車でご両親のお宅まで行くのに、どれほど時間がかかりますか？

——ほぼ1時間です。

1時間ですって？直線距離で、たった数マイルでしょう。

——そうです。でも、たいていは町の中心部を、迂回して行くんですよ。

真実性は乏しいが、crow（からす）は場所を移動するのに、最短距離で飛ぶと考えられてきたのが由来。1800年代の初めから。C. ディケンズ『オリバー・ツイスト』（1838年）には、We cut over the fields...straight as the crow flies.（野原をまっすぐ横切った）とある。

何もせずぶらぶらしている

卒業して、今、マークは何をしているんだい？

——就職の面接に不合格になってから、何もせず、ぶらぶらしているよ。

何だったら、しばらくの間、私の事務所で働いてもいいと、言ってくれない？

——ほんとに！ 飛びつくと思うよ。

Loose は綱の end（末端部）がどこにも結び付けられていないで「ぶらぶらしている」状態のこと。あるいは綱でつながれていない馬が、野原を自由に駆け回っている様子もイメージされる。1800年代中頃から。The problem is at loose ends.（問題は未解決）の用法も。

待っていましたとばかり

あれー、メールだ。お母さんが来るってさ。

——もういやだわ。いつも、急にやって来るんだから。

僕、ダイニングを片付けるよ。

——それじゃ、私、そこに飾るお花を、お庭に取りに行って来るわね。

各種競技での開始の合図には、ピストルを鳴らす、旗を振る、「位置に付いて、よーいドン」などいろいろある。その昔、hat（帽子）を drop（落として）知らせたことがあった。競馬や、アメリカでは西部開拓時代の決闘の場面でも見られたようだ。「とっさに」の意味で1800年代中頃から。

ぎりぎりになって

何もかも、計画通りに行ったの？

——そう行くと思っていたんだけどね。

何が起こったの？

——天候が急に変わってね。ぎりぎりになって延期されたのさ。

新約聖書「マタイによる福音書」（20:1-16）、ぶどう園の労働者が、働く時間に関係なく、同賃金が与えられることに不満を言う場面から。昔、一日の時間は夜明けを第1時、日没を第12時とした。The eleventh hour（第11時）は日沈する「まぎわの時」。1800年代初めから。

A At the end of one's rope

He said he was done with his report, but take a look at this.

Well, I've already told him many times to get to work sooner.

He needs to know that a rushed job won't pay.

We are **at the end of our rope** with him.

聖書が由来のイディオム

Apple of someone's eye, the 掲載頁
旧約聖書「申命記」(32:10) ……………… 12

By the skin of one's teeth
旧約聖書「ヨブ記」(19:20) ……………… 36

Fly in the ointment, a
旧約聖書「伝道の書」(10:1) ………… 66

Little bird told me, a
旧約聖書「伝道の書」(10:20) ………… 128

See eye to eye
旧約聖書「イザヤ書」(52:8) ………… 182

Rise and shine
旧約聖書「イザヤ書」(60:1) ………… 178

Leopard can't change its spots, a
旧約聖書「エレミヤ書」(13:23) ………… 122

Wheels within wheels
旧約聖書「エゼキエル書」(1:16) ………… 220

手の打ちようもない

リポートはでき上がったと彼は言ったんですが、これを見てくださいよ。

——もっと早く仕事に取り掛かるように、もう何回も話してるんだけど。

急いで仕事をすれば、いいことはないと、分からないとね。

——彼には手の打ちようもないよ。

羊や山羊などの草食の動物が、rope（綱）の end（一端）につながれているイメージ。片方の綱の端は杭などに結び付けられていて、動物からすれば、もっと草を食べようと遠くへ行きたく思っても「どうすることもできない」。1600年代の後半から。

Feet of clay　　　　　　　　　　　　　　　　　　　　掲載頁
　　旧約聖書「ダニエル書」(2:33) ………… 64

Writing on the wall, the
　　旧約聖書「ダニエル書」(5:5-30) ………… 228

Lion's den, the
　　旧約聖書「ダニエル書」(6:13-23) ………… 126

Hide one's light under a bushel
　　新約聖書「マタイによる福音書」(5:15) ………… 92

Go the extra mile
　　新約聖書「マタイによる福音書」(5:41) …………80

Lip service
　　新約聖書「マタイによる福音書」(15:8)………… 128

At the eleventh hour
　　新約聖書「マタイによる福音書」(20:1-16) ………… 16

Separate the sheep from the goats
　　新約聖書「マタイによる福音書」(25: 32)………… 184

Stumbling block, a
　　新約聖書「ローマ人への手紙」(14:13) ………… 196

Labor of love, a
　　新約聖書「テサロニケ人への第一の手紙」(1: 3)……… 120

B Back to square one

(practicing singing)

Okay, let's go back and try again.

> Go back to where?

Back to square one. Are you ready? And a-one, and a-two, and a-...

> Hang on. Let me drink some water first. I'm thirsty.

Bad apple, a

We were like one big, happy family in this office.

> Oh yes. Then, Roy came, and everything changed.

He was really **a bad apple**, wasn't he?

> Well, he started making a fuss over nothing, and it spread to other people.

Ballpark figure, a

May I help you?

> Yes, I need some all-inclusive, ski vacation plans. We are a party of five.

What is the total budget?

> For now, I can give you **a ballpark figure**. Around one-hundred and fifty-thousand yen.

Ball's in someone's court, the

Have you put together your proposal?

> Yes, I have, and I submitted it to the board today.

So, are they going to support it?

> Well, who knows? **The ball's in their court**.

振り出しに戻る

（歌の練習で）じゃ、戻って、もう一度しましょう。

　　──どこへ戻るの？

最初だよ。準備はいいかな？ 1と、2と、…

　　──待って。先に、水を飲ませて。喉が渇いてね。

サイコロを利用するボード・ゲームや hopscotch（けんぱのようなもの）などでは、盤や地面に描かれた square（ます目）の上を、行き来して遊ぶ。規則上、ゲームの途中で square one（つまり「振り出し」）に戻らなければならない時がある。1930 年代から。

周りの人に悪影響を及ぼす人

この職場では、みんな和気あいあいとやっていたのにね。

　　──そうね。ロイが来てから何もかもが変わったわ。

ほんとに周りに悪い影響を及ぼしてしまったよね。

　　──うーん、些細なことで大騒ぎして、それがほかの人にもうつってしまったのね。

Bad apple（傷んだ林檎）をそのままにしておくと、ほかのよい林檎も傷み始める。転じて「周りに悪影響を及ぼす人」という意味。それほど、その人には誠実性、道徳性、品性がないということ。1960 年代より。同じ意味で rotten apple の表現もあり、こちらは 1880 年代から。

おおよその数

いらっしゃいませ。

　　──パッケージになったスキー休暇のプランを探しています。5 人グループです。

全部で予算はどれほどですか？

　　──今のところは、ざっくりした金額だけなんですが。15 万円くらいです。

「Ballpark（野球場）の figure（数字）」が文字通りの意味。アメリカでプロ野球が始まった頃、球団のオーナーは経営上の理由で、実際の入場者数よりも多い、おおよその客の数しか発表しなかった。比喩的に「どんぶり勘定」という意味で 1960 年代後半から。

～次第だ

提案書をまとめたの？

　　──うん、まとめて今日、理事会に提出したよ。

で、理事会はそれを後押ししてくれる感じですか？

　　──誰にも分からないよね。後は、彼らの考え方一つだね。

テニスの試合で、こちらが打ったボールが相手のコートにある、あるいはサービス権が相手にあり、以降のゲームの展開は相手がどのようなボールを打ってくるかによる。転じて「責任は～にある」との意味で 1950 年代から。The ball is with me.（責任は私にある）などともいう。

B Bark up the wrong tree

Why did you break the window?

> Why did I break it? You are **barking up the wrong tree**.

Am I?

> Yes. It's not my fault. I hit it because someone pushed me hard.

Barrel of laughs, a

How was the bus trip?

> Well, it was a long journey, but it was fun.

It took almost five hours, and you say it was fun?

> Yes, the driver was **a barrel of laughs** and never let us feel bored.

Batten down the hatches

Did you check the weather report?

> Another rainstorm is coming this way.

Again? We'd better **batten down the hatches**.

> We really should. We didn't bargain for it last time, and it was the worst.

Be cooking (with gas)

Look at that! The Japanese skater takes the lead. He is looking good.

> How many more laps?

They are on the second-to-last lap.

> Now, he **is cooking with gas** and moving ahead of the others.

見当違いのことを言う

どうして窓ガラスを割ったんだい？

——どうして僕が割ったのかって？ちょっとおかしいよ。

そうかな？

——そうだよ。僕の責任じゃない。誰かに強く押されてガラスに当たったんだから。

アメリカでのアライグマ狩りが由来。アライグマは夜行性で狩りは夜間に行われた。犬は追っていた獲物が木に登ると、bark（吠えて）主人に知らせた。しかし獲物は暗闇に紛れ枝を伝いほかの木に移った。それを知らず吠え続けた犬が、このイディオムの由来。1800年代初めから。

よく笑わせる人

バスの旅はどうだった？

——長旅だったけど、おもしろかったよ。

5時間くらいかかったのに、おもしろかったって？

——うん。運転手さんが、お客さんをよく笑わせてくれて、まったく退屈しなかった。

1800年代の終わり頃からの表現 more fun than a barrel of monkeys（とても愉快だ）の連想から使われ始めた。Barrel は、ここでは「樽、液量単位のバレル」でなく、a barrel of で「多量の」の意味。猿が群れをなし、キャッキャッと楽しそうに騒いでいる様子。1910年代より。

危険な状況に備える

天気予報を確認したのか？

——また嵐がこちらにやって来ます。

またか？しっかりと準備しないとな。

——間違いなく、そうします。前回は来ると思っていませんでしたので、最悪でした。

もともと海事用語。航海中、嵐の時に hatchet（船倉）へ海水が流入しないよう、入り口に防水性の布を張った。この布を固定するための薄い板を、またその板を打ち付けることを batten と呼んだ。「非常事態に備える」「困難な局面に備える」という意味で、1800年代の後半から。

うまくやっている

見てごらん。日本人のスケーターが先頭だ。調子がでてきたね。

——あと何周だ？

あとまだ最後の一周を残している。

——その調子、その調子。他を引き離しにかかっているよ。

1930年代、薪（まき）などを使う調理器具に代わり、ガス業界と電気業界が新しい器具の販売競争をした。ガス器具の効率性、信頼性をアピールする業界の標語が Now, you are cooking with gas. だった。一般的に「うまくやっている」として使われるのは1940年代から。

B Be my guest

What's up? You are rushing round.

> Something is wrong with my computer. Can I use yours?

Be my guest! I won't be using it today. When is your paper due?

> In an hour.

Beat around the bush

Why did he get fired? Do you hear something?

> Well, there have been ugly rumors going around. Some are just laughing them off, but some believe...

Oh, come on. Don't **beat around the bush!** Get to the point.

> This is just between you and me, okay?

Behind [at] the wheel

Were you there when the hit-and-run took place?

> I was about to cross the street. And the car came and hit the lady.

Did you see the person **behind the wheel**?

> Yes, I did. His face was instantly recognizable.

Behind the eight ball

He asked me to lend him five-hundred dollars.

> Did he say anything about what it was for?

He said he needed it to pay the rent.

> Sounds like he's **behind the eight ball**, but we don't have that kind of money.

どうぞ、そうしてください

どうしたの？あたふたしているようね。

——私のパソコンが、何かおかしくなったの。あなたのを貸してくれる？

いいよ、使ってもらって。今日は使わないし。で、レポートの締め切りは？

——1時間後なの。

「私の guest（お客さん）に、なってください」とは、許可を求められたことに対して、「構いませんよ」と了解する言い方。さらに「私のおごりだよ」としても。また、この表現は自分がしたくないことを、ほかの人がすると申し出た時「助かりました、お願いします」の意味でも使う。1950年代より。

遠回しに言う

なぜ彼が解雇されたんだ？何か聞いているのかね？

——変な噂が流れています。噂を笑い飛ばす人もいるし、信じている人も…

おいおい、遠回しに言わないで、短刀直入に言ってくれよ。

——ここだけの話だよ。いいですか？

狩猟の方法に、まず獲物が隠れていそうな bush（茂み）を取り囲み、次に beater（勢子）が回りを棒などで beat（たたき）、獲物を追い出し、捕らえる方法がある。最初から特定の獲物に狙いを定め、いきなり仕留めるのとは違うこの狩猟の方法がイディオムの由来。1500年代から。

運転している

ひき逃げが起こった時、あなたはそこにいましたか？

——通りを渡ろうとしていると、車がやって来て女性をはねたんです。

運転していた人を見ましたか？

——見ました。その顔を見てすぐ誰か分かりました。

Wheel は、ここでは「乗り物の車輪」ではなく、自動車の「ハンドル」（船なら「舵輪」）のこと。運転手は前方から見て、ハンドルの behind（背後に）座って自動車を操作するので、この表現が生まれた。1930年代からのイディオム。また「支配権を持つ」の意味もある。

困った状態にある

彼は、私に500ドル貸してくれと頼んできたのよ。

——何のためか、何か言っていたのか？

家賃の支払いのためのお金が必要だと言ってたわよ。

——困っているみたいだけど、そんなお金はないよね。

ビリヤードでは1番から15番の球を順番に球受けに入れるが、eight ball（8番の黒球）だけは、最後に入れねばならない。ゲーム途中でこの球を球受けに入れたり、棒がこの球に触れると反則になり、黒球の behind（背後）にある球を打つ時は「困り果てる」。1920年代から。

B Bells and whistles

How many years have you driven this car?

> Since before you were born. Twenty years.

It doesn't seem to have all the fancy **bells and whistles** of today's cars.

> No, it doesn't, but it still runs.

Bird in the hand, a

I think I might do better working in New York.

> Umm, it would be like gambling. You have a secure job here, don't you?

Of course, but there's something not quite right about it.

> Well, you have **a bird in the hand**. You don't want to let it go.

Birds of a feather

Betty told me she liked impressionists like you do.

> Oh, you didn't know that, did you?

No. I didn't have the slightest idea.

> Well, we often visit the museum together. We are **birds of a feather**.

Bite the bullet

Doctor, do you really need to sew up the wound?

> Definitely. It'll heal much more quickly and leave no scar.

Will it hurt?

> Just a little bit. You need to **bite the bullet**.

魅力的だが必要のない機能、装備、設備など

この車には何年乗っているんですか？

——おまえ達が生まれる前からだよ。20年さ。

今の車にあるような、いろいろと不必要な機能はついていないようですね。

——ああそうだよ。でも、まだ走るさ。

昔、カーニバルなどのイベント会場で演奏された大型のオルガンや、無声映画の時代に劇場で演奏されたオルガンには、華やかな bells and whistles（鈴や笛）の効果音を出すために、特別の装置が付けられていた。これが由来。1900年代の初頭からのイディオム。

確実な物

私ね、ニュー・ヨークで働く方が、いいかも知れないと思うんだけど。

——そうかな。賭けみたいなものだよ。ここでの仕事は安定しているんだろう？

もちろん、でもしっくりこないところがあってね。

——でも、今は確実な仕事があるんだろ。それをわざわざ手放すことはないさ。

もともとギリシャ語にあった諺で、1500年代には英語でも使われていた A bird in the hand is worth two in the bush.（手中の1羽は、やぶのなかの2羽の価値がある）が直接の由来。一般に「（不確かな物でなく）今、手元にあり確実な物」を意味する。

同じ嗜好を持つ人

あなたと同じように、ベティは印象派が好きだって言ってたよ。

——あれっ、知らなかったのね？

うん。ちっとも知らなかった。

——あのね、私達、よく一緒に美術館へ行くの。お互いに好みが似てるの。

1500年代に類似の表現が見られるが、直接の由来である諺 Birds of a feather flock together.（同じ羽の鳥は群がる）は1600年代中頃から。ここでは birds は「人々」で、of a feather は「同じタイプの」という意味。「悪人は悪人同士つるむ」としてでも使われる。

難局を受け入れる

先生、傷は本当に縫う必要があるんですか？

——もちろん。ずっと早く治るし、傷跡も残りませんよ。

痛みますか？

——少しね。我慢しましょう。

「Bullet（弾丸）を bite（噛む）」が文字通りの意味。戦場で麻酔を使わず負傷兵を手術する時、よく弾丸を噛ませたという。歯をくいしばり、痛みを我慢させるため。「難局を受け入れる」の意味で1920年代から。Chew a bullet（chew は「噛む」）の例もあるが、bite の方は韻を踏んでいる。

B Bite the dust

Our microwave has finally **bitten the dust**. It will not turn on anymore.

How long have you had it?

More than twenty years.

No kidding. A Japanese product sure lasts a long time.

Blow hot and cold

Is your friend Sam coming or not?

Well, he keeps **blowing hot and cold** about the trip.

Have him call me, will you?

Or rather, for now, cross him off the list. He often changes his mind.

Blow [toot] one's own horn

We are having a party at the Smiths' this Friday. Please come.

The Smiths? They are always **blowing their own horns**.

Like what? They don't seem that way to me.

Well, like what a genius their son is, how nice their new house is...

Branch out

Hello?

Hello? It's Mom. Are you enjoying your life there for a change?

Oh yes, of course. I'm happy I decided to **branch out**.

See, just like I told you. Everything is new and fresh, isn't it?

だめになる

家の電子レンジがとうとうだめになってね。スイッチが入らないよ。

——もう、何年使ったんだい。

20 年以上になるな。

——ほんと。さすがに日本製は長持ちするね。

「Dust（塵）を bite（噛む）」が文字通り。ホメロスは叙事詩『イリアス』（前 8 世紀）でトロイ戦争について書いたが、その一節で大地に倒れた兵士をなまなましく描写するのに、この表現を使った。「死ぬ」「だめになる」の意味として一般化したのは 1700 年代中頃から。

あれこれと迷う

君の友達のサムは来るのか、来ないのか、どちらなんだ？

——あのね、旅行については、あれこれ迷い続けているんだよ。

私に電話するよう、言っておいてくれる？

——それよりも、今は、サムをリストから除いておいて。よく気が変わるから。

イソップ物語から。ある男がサチュロス（上半身は人間で下半身は山羊）に招かれた。男は cold（寒い）と言っては手に blow（息をかけて）温め、また料理が hot（熱い）と言っては息をかけて冷ました。これを見てサチュロスは気を損ねた。「あれこれ迷う」という意味で 1500 年代の後半から。

自慢する

この金曜日にスミス夫妻のところで、パーティーをするんだけど、来てください。

——スミス夫妻？あの夫婦はいつも自慢話ばかりするしね。

どんな自慢話だい？私はそのようには思わないけどね。

——うん、たとえば、自分たちの息子は頭がいいとか、新しい家が素晴らしいとか。

中世、王侯が到着すると、使者はトランペットを吹いて知らせたが、街なかの商人は、horn（角笛）を blow（吹いて）迎えたという。「自慢する」という意味で定着したのは 1800 年代の中頃。イギリスでは blow one's own trumpet ともいわれる。

今までとは違ったことをする

もしもし？

——もしもし？お母さんよ。そちらでの生活はいいでしょう？気分転換に。

もちろん。思い切って今までと違うことをして、よかったと思ってるわ。

——そうでしょう。何もかもが初めてで新鮮でしょう？

まるで木が branch（枝分かれする）ように、これまでとは違った分野に関心を持ち始めたり、新しいことに着手すること。「新しいことに挑戦する」という意味で、個人のことについてもビジネスについても使う。1700 年代の初期から。

B Break the ice

So you are planning the party for the new office workers?

> Yes, but actually, I have never done it before. Give me some quick tips.

Well, don't forget to prepare some party games.

> What for? Oh, to **break the ice**, so they will mix with each other more easily.

Bring down the house

What happened in your History class this morning?

> Mrs. Brown came in wearing a ninja outfit.

Oh, and that **brought down the house**. I see.

> Did you hear a lot of laughing and clapping?

Bring home the bacon

I hear he started teaching night school.

> Really? I thought he was making enough money.

Well, I don't know. He didn't seem to be able to **bring home the bacon** with his writing alone.

> You may be right. He has a big family to support.

Buck stops here, the

Who would be responsible for all this?

> Me. **The buck stops here**.

So will you welcome any criticism about what has happened?

> Of course. That's what I intend to do.

場の雰囲気を和ませる

で、事務所の新入職員のためのパーティーを企画しているんだね?

——はい、でも、全く初めてのことで。何か少しアイデアでもください。

パーティー・ゲームの用意を忘れないでね。

——何のためにですか?あっ、場を和ませて、お互い話しやすくなるためですね。

もともとは「水路に張った ice(氷)を break(割る)」の意味。1500 年代後半には「新しい道を切り開く」、さらに 1600 年後半には「場の雰囲気を和ませる」という意味で使われ始めた。Ice-breaker は「(パーティーなどでの)場の雰囲気を和ませるためのゲーム」。

拍手喝さいを起こす

今朝の歴史の授業で何があったんだい?

——ブラウン先生が忍者の装束で入って来たんだ。

ああ、それで大変な騒ぎだったんだ。なるほど。

——笑い声や喝采が聞こえただろ。

House は「劇場」、bring down は「(家などを)壊す」なので「(劇場を壊すほど)喝さいする」の意味。受けが悪い役者が Don't clap so hard; you'll bring down the house.(そんなに拍手しないで。建物が崩れるよ。)と冗談を言ったという。1700 年代中頃から。

生活の糧を得る

彼が、夜間学校で教え始めたって聞いたけど。

——ほんと?収入は充分あると思っていたのに。

うーん、どうかな。文筆だけでは生計は立てられなかったようだよ。

——そうかもね。家族も多いしね。

昔、カーニバル、定期市など各種のイベント会場では、油脂を塗った豚を素手で捕まえる競技があった。景品としてその豚、またはそれに代わる bacon(塩漬けの、あるいは干した豚肉)が与えられ、その日の食卓を飾ることになった。「成功する」としてでも使う。1920 年代から。

最終の責任は私が取る

この責任はすべて誰がとるんだい?

——私です。責任逃れはしません。

起こったことに対して、いかなる批判も喜んで受け入れるんだね。

——もちろん、そういうことです。

Buck(雄鹿)は、ポーカーでは親になる人の目印として順番に送られた「柄が鹿の角製のナイフ」のこと。転じて 1800 年代中頃より「責任」という意味になった。第 33 代大統領 H. トルーマン(1945-53)が The BUCK STOPS here! の表示を執務室の机上に置いていたことから。

B Bucket list, a

Guess what I have finally started doing?

> Is it something on your **bucket list**?

Definitely. I am going to search for my roots.

> I'll think about my list when I retire from public life.

Buckle down

What would be your dream holiday?

> Well, I would like to go camping in Hokkaido and take pictures of animals and birds.

Sounds great. I would like to go on a Caribbean cruise for a month.

> Okay, so much for dreams. Let's **buckle down** and get to work.

Burn a bridge

Hey, son, I hear you are quitting your job.

> Dad, you seem to know everything.

Listen! Don't **burn any bridges** with Mike. He is well known in business.

> I won't. I will keep in contact with him. He may be of some help.

Burn the candle at both ends

You seem to be **burning the candle at both ends** lately.

> I need to get this job done by next month.

Why don't you spread the workload?

> I would if I could. You know, we have a staff shortage.

終活のリスト

僕がやっと開始したこと、何か分かるかね？

——終活としてリストアップしてあったことですか？

その通り。自分のルーツを探し始めるんだ。

——私は、自分のしておきたいことについては、退職した時に考えるわ。

「死ぬ」を意味する kick the bucket（p.114 参照）の bucket の連想から生まれたイディオム。J. ニコルソンと M. フリーマンの共演映画『The Bucket List（最高の人生の見つけ方）』（2007年）が制作されて以来、「終活として一覧表にしたもの」という意味で使われている。

本気になって取り組む

夢見てる休日ってどんなのですか？

——北海道でキャンプして、動物や鳥の写真を撮りたいですね。

いいね。私ならひと月、カリブ海の船旅に行きたいよ。

——さあ。夢はこれくらいにして、仕事に本腰を入れようか。

Buckle は「ベルトの留め金」。作業を開始するには、まずこれを締めなおしてから、ということになる。ブロードウェイ劇『Best Foot Forward』（1941 年）のなかの歌の一節に buckle down があり、以降さかんに用いられた。表現としては 1800 年代の中頃からあった。

関係を断つ

おい、お前が仕事を辞めるって聞いたぞ。

——父さんは何でも知っているようだね。

いいか、マイクとの関係を断つな。彼は業界では知られているから。

——もちろん。彼との関係は保っておくよ。また助けてもらえるかもしれないし。

「bridge（橋）を burn（燃やす）」が文字通り。古代ローマ時代、進軍する軍の指揮官は渡って来た橋を燃やした。撤退の経路を断つことで、兵士は徹底交戦せざるを得ない。比喩的に「（将来、自分に有利になるような人脈など）すべて断つ」という意味。1800 年代の終わりから。

体を酷使する

最近、はりきり過ぎているようだけど。

——来月までに、この仕事を片付けないといけないのでね。

仕事を振り分けたらどう？

——できるんだったら、そうするよ。何せ、スタッフがいないのでね。

文字通りは「candle（ろうそく）の両端に灯を burn（ともす）」の意味。もとはフランス語にあった表現で「富を浪費する」を意味したが、1600 年代の初め英語でも使われるようになり、「昼夜を問わずあくせく働く」などの意味としては 1700 年代中頃から。

B Burn the midnight oil

You've been **burning the midnight oil** lately. What's up?

> I have a big exam tomorrow.

How big?

> If I pass, they will let me study in England for two years.

Bury one's head in the sand

He is free and easy by nature, isn't he?

> Yes, he really is. That's why I like him.

But now, it is no time for him to **bury his head in the sand**.

> You bet. It's urgent.

Bury the hatchet

Please come back and work for us again.

> Well, if it's okay with you.

I should have never let you go. Our shop has fallen apart without you.

> All right, let's **bury the hatchet**. Now my life has purpose again.

Busman's holiday, a

How about playing golf this weekend?

> Well, they asked me to give a lecture on local history at City Hall.

The same thing you do at school every day?

> Almost. It's **a busman's holiday** for me.

夜遅くまで仕事する

　　このところ、夜遅くまで勉強しているようだけど、どうしたんだい。

　　　　──明日、重要な試験があるんだよ。

　　どれほど重要なんだい？

　　　　──パスしたら、2年間イギリスに留学させてもらえるのさ。

電気のなかった時代、真っ暗ななか midnight（夜遅く）まで起きて仕事や勉強をしようと思えば、石油ランプかろうそくを使うしか、ほかはなかった。石油ランプでは当然、oil（石油）を burn（燃やす）ことで明かりを得ることになる。1600年代の初めから。

問題があるのに見て見ないふりをする

　　彼は根っからの、のんき屋さんだね？

　　　　──本当にそうだよ。だから彼が好きなんだ。

　　でも今は、知らんふりをしている場合じゃないよ。

　　　　──そうだね、緊急事態だから。

だちょうは砂漠で危険がせまると、sand（砂）に head（頭）を bury（埋める）と信じられていた。これが由来。実際には卵を抱いているだちょうは、危険を察知すると、長い首を地面に伸ばして目立たなくするという。1800年代前半から。

仲直りする

　　どうか戻って来て、一緒にもう一度私たちと働いてくれないか。

　　　　──そうだね、君さえよければね。

　　辞めてもらわなければよかった。君なしでは店はだめだったよ。

　　　　──分かった。仲直りしよう。これでまた、私の生活にも張り合いができる。

アメリカ植民地時代、インディアンの人道的扱いを訴えた裁判官 S. シューアル（1652-1730）（セーレムの魔女裁判にも参加した人物）は、インディアンが白人と和睦した時の hatchet（手斧）を bury（埋める）という儀式について綴っている。表現としては1700年代から。

普段と変わらないことをして過ごす休日

　　今週、ゴルフでもどうだ？

　　　　──市役所で郷土史の講演をするよう頼まれてね。

　　学校で毎日やっているのと同じことを、するのか？

　　　　──まあね。普段と変わらないことをして、休日を過ごすんだよ。

Bus は、もともと乗合馬車を意味する omnibus が略されたもの。昔、御者（busman）は holiday（仕事が休みの日）に、控えの御者が自分の馬をていねいに扱っているか確認するため、乗り込む習慣があったという。イディオムとしては1800年代後半から。

35

B · Buy a pig in a poke

What does this insurance policy cover?

> The agent says it covers long-term sickness and injury.

Well, let's not **buy a pig in a poke**.

> Of course, I'll ask him to explain it in detail. There is no need to decide quickly.

By hook or by crook

Oh my, that's an interesting look you are wearing.

> I'm trying out my Halloween costume.

I see that. That must have taken some time to make.

> Yes, I plan to win the costume contest **by hook or by crook** this year.

By the skin of one's teeth

It was a surprise running into you on the street yesterday. What was your rush?

> Sorry, but I was late for the train.

Did you make it in time?

> I made it **by the skin of my teeth**. Just as I got inside, the door shut.

価値を知らずに買う

この保険は何に対してなの？

　　　──長期の疾病と傷害に対してだと、外交員は言ってるよ。

そう、中身をよく確かめてからにしましょう。

　　　──もちろん。細かいところを説明してもらうよ。急いで決めることはないし。

昔、イギリスで子豚に見せかけ、猫を poke（袋）に入れて売ることがあったという。これを買って家で開けて見ると、びっくり仰天。猫が飛び出て、だまされたことに気付いた。Let the cat out of the bag.（秘密を暴露する）も同じ逸話から（p.124 参照）。1500 年代からの表現。

何とかして

おやおや、おもしろい格好をしているね。

　　　──ハロウィーンのコスチュームを試しに着ているのさ。

なるほどね。作るのに時間がかかっただろ？

　　　──うん。今年は、何とかしてコスチュームのコンテストで勝ちたいからね。

Hook はここでは bill hook（先がかぎ型になった鎌）で、crook は「羊飼いの杖」のこと。中世、庶民は王や領主が所有する森でこれらの道具を使い、木の枝などを刈り集め、薪にすることが許されたという。1300 年代からの表現で、現在では「手段を選ばず」というニュアンスを伴う。

やっとのことで

昨日、通りでばったり出会って驚いたよ。なぜ急いでいたんだい。

　　　──ごめんね。電車に乗る予定の時間に遅れていたのでね。

それで間に合ったの？

　　　──かろうじて間に合ったよ。乗るなり、ドアが閉まったよ。

「歯をおおっている skin（皮）の差で」という意味。歯をおおう皮はない。転じて「かろうじて（難をのがれる）」という比喩的な表現で使われる。旧約聖書「ヨブ記」（19:20）「わたしはわずかに歯の皮をもってのがれた」が直接の由来。1810 年代以降。

C Cabin fever

Our dog seems to be getting nervous and restless.

> Have you walked him around the house lately?

No. Not as often as before.

> That's why. He's got **cabin fever**. It's even worse for dogs.

Call it a day

I'm just done with the routine work for today.

> That was quick work.

Should I take care of the printing or the photocopying for you?

> Oh no, that's all right. You can **call it a day**.

Call someone on the carpet

Look! Someone's just poured new cement.

> Yes, it's still wet.

Let's make a footprint or something. That'll be fun.

> Stop it! You'll be **called on the carpet** for doing that.

Can of worms, a

I think you need to tell them about it now.

> Well, if I did, it would open **a** whole new **can of worms**.

I don't get it.

> Well, we are already in the worst situation as it is. If I did that, what do you think would happen?

（外出しないことが原因となる）いらいら

うちのワンちゃん、なんだかそわそわして、落ち着きがなさそうね。

──最近、家の回りの散歩に連れて行ったかい？

いいえ。以前ほどにはね。

──それでだよ。外に出られず不安なのさ。犬の方がずっとひどいんだ。

アメリカ西部の片田舎での話。寒い冬の間、回りに何もないような cabin（小さな家）から外出もせず 1 人でいると、憂鬱な気分になることがよくあったという。これが fever（熱病）にたとえられ、cabin fever として「引きこもりが原因となる憂鬱な気分」の意味になった。1910 年代から。

一日の仕事を終える

今日のルーティンの仕事を、終えたんですが。

──早いね。

印刷とかコピーの用事をさせていただきましょうか、どうしましょう？

──大丈夫だよ。今日は、これで終わってもらっていいよ。

もともと 1830 年代から call it half a day（一日の勤務時間を切り上げ仕事を終える）という表現があった。これが call it a day となり、今の意味に定着した。1910 年代から。さらに 1930 年代から Let's call it a night.（今夜は、これで終わろう）という表現も使われ始めた。

〜を叱る

見て！誰かが新しいセメントを敷いたよ。

──ほんとだ。まだ乾いていないよ。

足型か何かつけようか。おもしろいぞ。

──止めろよ。そんなことしたら叱られるよ。

仕事で何か失敗をした部下を、社長が自分の部屋へ call（呼ぶ）。そこには豪華な carpet（敷物）が敷かれていて、その上に立たせた状態で、社長が叱責しているイメージである。1900 年代の初頭から。イギリスでは be on the carpet（叱られる）という。

込み入った問題

そのことについては、今、彼らに言わないといけないと思うよ。

──そんなことしたら、新たな厄介な問題が出てくるよ。

分かんないな。

──ただでさえ最悪の状態なんだよ。そんなことしたら、どうなると思う？

釣りの餌にするつもりで worm（みみずや昆虫の幼虫などの細長く、脚のない虫）を can（缶）やビンに入れておくと、お互い絡み合って実際に使う時は、かなり大変。比喩的に「厄介な問題」という意味で、アメリカで 1960 年代から使われ始めた。

C

Canary in a coal mine, a

The boss gave me a concert ticket.

    Well, the same thing happened to John.

    Do you know what came after that?

No. Tell me.

    He got fired. So it's like **a canary in a coal

    mine** getting a concert ticket from him. Beware!

Can't hit a barn door

That rookie pitcher can't put anyone out.

    You bet! There, he's walked the batter again. Twice in a row.

He **can't hit a barn door**, can he?

    Look, here comes the manager.

Can't make heads or tails of something

Did you see the report from the new board?

    Yes, I did. It's full of business jargon.

It sure is. Those are words we haven't even seen or heard.

    We just **can't make heads or tails of it**. You need to be a

    genius to understand it.

Carry coals to Newcastle

I will take Grandma to the dentist.

    You don't have to.

Oh, will you be able to do that?

    No. They have a free ride service, so taking her would be like

    carrying coals to Newcastle.

（差し迫った危険を知らせる）前ぶれ

社長に音楽会のチケットをもらったんだ。

——えっ！ジョンも同じだったよ。そのあと、どうなったか知ってるかい？

いいえ。教えて。

——解雇された。だから、音楽会の切符をもらうことは悪いことの警鐘だよ。用心。

1900年代初めから1980年代まで、coal mine（炭鉱）で働く人はcanary（カナリア）の入ったかごを持って入坑した。有毒なガスがあると、鳥がまず異常を示したので、それを見て坑外に避難できた。「危険を知らせる前ぶれ」の意味で1970年代以降。単にa miner's canaryとも。

的に当てるのが苦手

あの新人投手は、1人もアウトにできないな。

——ほんとに。ほら、また打者を歩かせてしまった。2者連続だ。

全然、コントロールがないな。

——見てごらん、監督が出て来たよ。

農機具の出し入れのため、barn door（納屋の扉）は大きい。その扉もhit（鉄砲の弾で当てる）ことができないのである。比喩的な意味で1800年代中頃から。1900年代に入り、野球なら投手の制球力がない、バスケットならシュートが入らないなど、スポーツの場面でも。

全く理解できない

新しい理事会の報告書を見た？

——見たよ。理解できないビジネス用語で、いっぱいだよ。

ほんとにね。あんな言葉、見たことも聞いたこともないよ。

——全く、わけが分からないな。よほどの天才でしか、分からないよね。

由来についてはheadとtailをどう考えるかで、2つある。物事の「始まり」と「終わり」と考えると、最初から最後まで理解できない、つまり「全く分からない」となる。また「頭」と「尾」と考えると、頭と尾の区別がつきにくい、みみずなどを想像することになる。1600年代からの表現。

余計なことをする

私がおばあさんを、歯医者さんへ連れて行くわよ。

——しなくてもいいよ。

じゃ、あなたが行けるの？

——いいえ。無料の送迎サービスがあるの。だから連れて行く必要はないのよ。

イギリスのNewcastle-upon-Tyne（ニューカッスル・アポン・タイン）（あるいはNewcastle）は、16世紀からcoal（石炭）の産出地として発展。港からは石炭が各地に積み出された。Newcastleに石炭を運ぶことは、全く「余計なこと」。この比喩は1600年代中頃から。

Carry the ball

May I ask what your previous job was?

> I did the accounts while holding down a teaching job in the evening.

So you think you can **carry the ball** in this job.

> Yes, you can count on me.

Carry the day

Forty-fifteen. Mary will **carry the day** if she can hold this serve. How exciting!

> She'll put a heavy topspin on it, something you've never seen. Now watch.

(*Shouting*) SHOW NO MERCY, MARY!!!

> She did it. She won. She won. I can't believe it.

Catch [be bitten by] the bug

How is she enjoying her origami lessons?

> She had one lesson, and now she has **caught the bug**.

Oh, this time it's origami. A few years ago, it was photography she was crazy about.

> Yes, I remember that. She was flitting around taking pictures.

Catch-22 (situation), a

Help yourself to some chocolate ice cream.

> Wow, looks good!...well...

What? This is your favorite brand. You said nothing beats it.

> It's **a catch-22**. If I eat it, I'll gain some weight. If I don't, I'll regret it.

責任を持つ

以前の職業は何だったのか、お尋ねしていいですか？

──経理をしており、夜は教員をしていました。

では、責任を持ってこの仕事ができるのですね。

──はい、お任せいただいて結構です。

アメリカン・フットボールでは、敵陣のエンド・ゾーンにボールを持ち運ぶと、見事タッチ・ダウン。得点になる。タッチ・ダウンにならなくても、このプレーヤーは勝負を決する重要な任務を負う。「大きな責任を持つ」「率先して仕事をする」という意味で、アメリカで 1920 年代から。

勝つ

40-15 だよ。メアリーがこのサーブを取ったら、彼女の勝ちよ。わくわくするわ。

──今までにないような、すごいトップ・スピンをかけるから。見ていてごらん。

(叫んで) 手加減しないで、メアリー !!!

──やった。勝ったわよ。勝ったわよ。すごいわね。

Day には、もともと「戦闘の一日」、さらに「戦い」の意味があり、1600 年代から carry the day が「戦いに勝利する」の意味で使われていた。次第に、戦争だけでなく、スポーツ、論戦、選挙戦などの広い場面で使われるようになった。Win the day ともいう。

病みつきになる

彼女は折り紙のレッスンを楽しんでますか？

──1 回レッスンを受けて、今はそれにはまっていますよ。

今回は折り紙なんですね。何年か前は、写真に夢中でしたね。

──そう、思い出しました。よく、写真を撮るために飛び回っていましたよね。

Bug は「(てんとう虫などの) 昆虫」のほか、1800 年代中頃から「〜に熱中する人」の意味で使われる。この bug を「昆虫」と考えて catch (捕まえる)、また be bitten (虫に刺される) との連想から生まれた表現。Catch the travel bug (旅行に病みつきになる) の例も。

板ばさみの状態

チョコレート・アイスクリームを召し上がれ。

──わー、美味しそう！でも…

えっ、あなたの好きな製品で、こんな美味しい物はないって言っていたのに。

──ジレンマになってるの。食べれば太るし食べないと悔やまれるし。

J. ヘラーの小説『Catch-22』(1961 年) から。軍規に基づき、主人公は自分が精神的に障害があるので除隊を申し出る。しかし、本人が、そのことを認識できるということは、正常な自己判断ができることだと判断され、申し出は却下される。結局、軍規に関係なく除隊は夢に終わる。

C Cheap and cheerful

What do you want for lunch today?

> Let's go to the food court at the mall, shall we?

That's cool!

> There are lots of **cheap and cheerful** Asian food places.

Close but no cigar

What did you say the composer's name was again?

> I have told you again and again.

Yes, but I keep forgetting. It's so confusing. Shostavibach?

> **Close but no cigar**. It's Shostakovich.

Close shave, a

(*Shouting*) WATCH OUT! There's a car coming.

> Oh, that was scary. I just didn't see it.

Are you okay? That was **a close shave**.

> Yes, it really was. He almost hit me.

Cock-and-bull story, a

Dad, was Uncle Tom a firefighter?

> Yes, that's right.

He told me he jumped into a fire many times and saved hundreds of people.

> Oh, it looks like someone told **a cock-and-bull story** again.

安くておいしい

今日のランチは何にしたい？

　　——モールの食堂街へ行こうよ。

そりゃ、いいね！

　　——安くておいしいアジア料理のお店がいっぱいあるよ。

Cheap には「安っぽい」という意味があるが、安くても使いやすく、使っていると何となく cheerful（うきうきした）気分になる品物がある。Cheap と cheerful と韻を踏み、語呂がよく、言っても楽しい。「シンプルで使っていて心がはずむ」「安くておいしい」の意味で 1970 年代から。

残念だがうまくいかなかった

作曲家の名前は、何と言っていた？ もう一度、言って。

　　——何回も言ったでしょう。

でも、なかなか覚えられないんだ。ややこしいし。ショスタビーバッチ？

　　——残念でした。ショスタコーヴィチでしょ。

昔、カーニバルなどで開催された競技会では、景品としてよく cigar（葉巻）が与えられた。うまく行かなかった客に、進行役が「残念でした。もう少しで葉巻がもらえましたよ」の意味で、この表現を使ったのがきっかけ。1900 年代初めにアメリカで生まれた表現。

間一髪で危ないところ

（叫んで）危ない！ 車が来る。

　　——あーあ、危なかった。気が付かなかったよ。

だいじょうぶか？ もう少しだったよね。

　　——本当だ。もう少しではねられるところだった。

アメリカでは、昔、外科手術などの前に、床屋が患者の毛を shave（剃る）習慣があった。できるだけ closely（きれいに）に剃らねばならず、皮膚を傷つけないよう慎重な作業が必要であった。比喩的に「もう少しで危ないところ」の意味で、1800 年代前半から。

まことしやかに語られるばかげた話

お父さん、トム叔父さんは消防士だったの？

　　——そう、その通りさ。

火の中に何度も飛び込んで、何百人も助けたって言ってたよ。

　　——あーあ、また誰かさんが途方もない話をしたんだな。

昔、cock（雄鶏）や bull（雄牛）が、人間の言葉で話をするという寓話があった。しかしそれは「ばかげた話」。1600 年代には talk of a Cock and a Bull（くだらない話をする）の表現が見られるが、a cock-and-bull で使われるのは 1700 年代の終わりから。

C Come out of the woodwork

Was it your famous uncle who was killed in the accident?

> Yes. The problem is the paper reported he might have left behind a fortune.

He did, didn't he?

> No, but after that, all sorts of relatives **came out of the woodwork**.

Cook someone's goose

Oh, my god! He ruined our project.

> Yes, he totally **cooked our goose**.

Who would have thought that he planned it behind our backs?

> I hear you.

Couch potato, a

There hasn't been anything good on TV, so I subscribed to some movie channels.

> How do you like them? Are they fun to watch?

Glad to have something to fill up the boring evening.

> Good, but it looks like you've turned into **a** real **couch potato**.

Could eat a horse

Mom, I'm home!

> Oh my, you look all tired out.

I AM, and I'm so hungry **I could eat a horse**.

> There are some cookies, but don't eat too many. You don't want to spoil your dinner.

長らく見なかった人が、のこのこ出て来る

事故で亡くなったのは、有名な、あなたのおじさん？

——そうだよ。困ったことに、新聞がひと財産残したように書いてね。

残したんでしょう？

——とんでもない。でもね、以後、いろんな親族がのこのこ出て来てね。

イメージとしては、ごきぶりや蜘蛛などの気持ちの悪い生き物が、床や壁の woodwork（木造部）の隙間から、また食器棚の後ろから、全く予想もしていなかった時に、のこのことはい出て来て、人をあたふたとさせる様子から。1960 年代より。

〜の計画を台なしにする

何てことだ。彼のせいで、計画はメチャクチャだ。

——ほんとに、完全に台なしにされてしまった。

思いもよらなかったよ。裏でヤツに仕組まれるなんて。

——全くだ。

イソップ物語に、金の卵を産むがちょうの話がある。これを由来とするほか、昔、来客には飼っているがちょうを料理して接待したという習慣に由来するとする説もある。いずれにせよ、大切にしているがちょうを他人に料理されると、将来の予定も変わってくる。1800 年代中頃より。

だらだらとテレビを見ている人

最近のテレビでは、いい番組が全くないので、映画のチャンネルを契約したよ。

——それで、どうだい？見ていておもしろいかね？

お陰で、夜は退屈しないですんでいるよ。

——よかったね。けど、テレビを見てばかりで、ごろごろしてるようだな。

アメリカでは TV を boob tube（boob は「おばかさん」、tube は「テレビ」）、また TV をよく見る人を boob tuber と呼ぶ。また tuber は potato（じゃがいも）などの塊茎のこと。1976 年、couch（ソファ）に寝て TV を見る人を、漫画家が冗談で couch potato と呼んだことに由来。

大変、お腹がすいている

お母さん、帰ったよ。

——疲れきった顔をしてるわね。

ほんとにそうさ。それにおなかがすいて、どうしようもないよ。

——お菓子があるけど食べすぎないで。晩ご飯がおいしくなくなるよ。

どれほど空腹であっても、馬一頭も食べられるはずはない。しかし、それほどお腹がすいているという比喩的な表現。Could は「そうしようと思えば、できる（ほど）」の意味。1700 年代にはcould eat a horse behind the saddle（saddle は「鞍」）の表現があり、それが短くなった。

Cream of the crop, the

What kind of person do you want me to identify?

> The answer is simple: **the cream of the crop**.

Can you be more specific?

> Well, someone with imagination, enthusiasm, and leadership.
> Would that be too much?

Creature comforts

How did you like the camping on the mountain top?

> Well, the view from there was just great, for sure, but...

But what?

> Can you imagine life without any modern **creature comforts**?

Crocodile tears

The woman admitted setting her own house on fire.

> I am not surprised.

You are not surprised? How could you have known that?

> When I saw her being interviewed, I was sure she was crying **crocodile tears**.

Cross that bridge when one comes to it

We are planning a farewell party for our teacher.

> When is it?

March of next year. The problem is whether I can find a good place.

> Well, you should **cross that bridge when you come to it**.
> There is no point worrying about it now.

選りすぐり

どのような人を探しているのですか？

——答えは簡単さ。最高の人だよ。

もっと具体的に言ってください。

——そうだね、想像力、熱心さ、そして統率力がある人です。欲張りすぎるかな？

韻を踏み言葉遊びをしているイディオム。Crop は「収穫物」で、cream は「クリーム」のほかに the cream で「精選した物」のこと。またフランス語では la crème de la crème（＝the cream of the cream）の表現があり「最も優れた物」を意味する。1800 年代から。

（衣食住などの）快適な生活を支える物

山頂でのキャンプはどうだった？

——そこからの眺めは素晴らしかったんだけどね、ほんとに。でもね。

でも、何だったの？

——電気もガスも水道もキッチンやベッドもない暮らしなんて想像できる？

ここでは comfort は「生活を楽にしてくれる物」。Creature は「生き物」のほか、以前は good creature で「物質的に安らぎを与える物」の意味があった。意味も似た 2 つの語が、韻も踏んでいるので結びつき creature comforts になった。1600 年代から。

そら涙

その女は、自分の家に火を放ったことを認めたのよ。

——僕は驚きはしないさ。

驚きはしないって？どうして知っていたのよ？

——女がインタビューされるのを見た時、そら涙を流していると確信したんだ。

Crocodile（わに）には、人が苦しんでいるようなうめき声やため息を立て、心配してやって来た人を tears（涙）を流しながら捕食するという伝説がある。Crocodile tears（1500 年代より）のほか類似の表現は 15 世紀から。シェークスピア『オセロ』（1622 年）（5 幕 1 場）にも。

その時になって考える

先生に送別会を予定しているんだけど。

——いつなんだい？

来年の 3 月だよ。問題は、いいところが見つかるかなんだよ。

——あのね、その時になって考えればいいよ。今、心配したってしかたないよ。

「橋に来た時にその橋を渡る」が文字通り。アメリカの詩人 H. ロングフェローが『黄金の伝説』（1851 年）で古人の知恵として紹介している。橋を渡るべきか、そうすべきでないか、今から心配しても仕方がない。「取り越し苦労をしない」という意味。類似の表現は多い。

C Cry for the moon

Dad, I've always wanted that fancy car.

> Do you know how much it costs? You also need a lot of money just to keep it up.

What do you mean, just to keep it up?

> Well, low mileage and a high insurance rate. It's just like **crying for the moon** for you.

Cry over spilled milk

Does this remind you of something? "Sun, 10:30"

> Oh no, I was supposed to pick up Bill at the airport. It's already noon.

Keep cool! It's no use **crying over spilled milk**.

> I know. Oh, I am such a bad friend.

Cut one's teeth (on something)

They asked me to help you for a while.

> Thank you. I've never been in this business before, and I'm a bit nervous.

Well, all you need is to **cut your teeth on it**.

> Oh yes, practice makes perfect, as they say.

Cut the mustard

Look at the results of the questionnaire our customers answered.

> Oh, it's on our package tour of China.

It sounds like someone on the staff doesn't **cut the mustard** for the job.

> Let me find out who that is.

むりな物を欲しいとねだる

お父さん、ずっと前から、あのかっこいい車を欲しいと思っているんだけど。

——いくらかかるか知っているのかい？ 維持するにも、お金がたくさんかかるよ。

維持するにもって？

——燃費が悪いし、保険金も高いぞ。お前には、高嶺の花みたいなもんだよ。

子どもが月を見て、取ってほしいと泣き叫んでいる様子。C. ディケンズ『荒涼館』（1853 年）に He was a mere child in the world, but he didn't cry for the moon.（彼は世間にはうとかったが、むりな物を欲しがらなかった）とある。Only fools cry for the moon. という表現も。

過ぎてしまったことを嘆く

ここに書いてあること、何か思い当たらない？「日曜、10 時 30 分」

——あっ、空港へビルを迎えに行くんだった。もう、12 時だ。

まあまあ、落ちついて。過ぎたことを悔やんでも仕方ないし。

——分かってるよ。でも、僕って、友達として最低だな。

1600 年代中頃には諺として No weeping for shed milk.（こぼれたミルクを嘆くなかれ）があった。この weep（涙を流して泣く）と shed（流した）が、それぞれ意味の似た cry（声をあげて泣く）と spilled（こぼした）という言葉に代わった。1800 年代から。

（〜の）経験を積む

しばらく、あなたのお仕事を手伝うように頼まれました。

——ありがとうございます。この仕事は初めてで、少し緊張しています。

経験を積むことがすべてですね。

——そうですね、「習うより慣れよ」と言いますからね。

ここでは cut は「（歯が）生える」の意味。Cut one's eyeteeth（大人になる）、cut one's wisdom teeth（分別がつく年齢になる）での cut も同じ使い方。なお、eyeteeth は「犬歯」、wisdom teeth は「親知らず」。いずれの表現も 1600 年代後半から。

仕事をこなす

お客さんが答えたアンケートの結果を見てごらん。

——当社の中国へのパッケージ・ツアーについてですね。

スタッフの誰かが、仕事に不慣れなようですね。

——それが誰か、調べてみましょう。

アメリカでは mustard（からし）は 1800 年代末より「選りすぐりの物」「基準となる物」を意味し、cut the mustard「基準に達している」「うまくやっている」のほか、not cut the mustard「基準に達していない」や be (all to) the mustard「期待通りである」などの類例がある。

D Deer [rabbit] in the headlights, a

Is this your granddaughter?

> Yes, she's just turned two.

Isn't she cute? Oh, she looks like **a deer in the headlights**. Did I scare her?

> Well, she's terribly shy with strangers.

Deliver the goods

What about his leadership of the group?

> Well, he is **delivering the goods**. He seems to have the necessary qualities too.

So, he is just the person you wanted.

> More than that. What's not to like about him?

Dice are loaded, the

The Tigers won the game.

> Again? That makes the tenth straight time.

No. The eleventh.

> Whatever it is, it looks like **the dice are loaded** in favor of them this season.

Dog and pony show, a

I think his presentation was just **a dog and pony show**.

> You are telling me. He used too many pictures and videos.

Well, the audience seemed to enjoy looking at them, and that's all.

> Poor in content. Academically, that is.

びっくりして、どうしてよいか分からなくなる

これは、孫娘さんですか？

　　——そうです、ちょうど2歳になったところです。

可愛らしいですね。あれっ、固まってしまったようですね。驚かせたのかな？

　　——ひどく人見知りをするんですよ。

「車のヘッドライトに照らされた鹿［兎］」が文字通り。Deer（鹿）やrabbit（兎）などの動物は、夜間、車のライトに照らされると、驚きのあまり立ちすくんでしまい、逃げることすらできない。「怖気付いて固まってしまう」の意味としては1950年代から。

期待に応える

グループでの彼の指導力はどうかね？

　　——そうですね、期待に応えてくれているよ。必要な素質もあるようだし。

つまり彼は、まさに君が望んでいた人物なんだね。

　　——それ以上だよ。何の言うこともないね。

Deliver the goods は「商品を届ける」が文字通りの意味。依頼した食料品のほか雑貨類を、業者がきっちりと配達してくれるということから。比喩的に「期待通りの仕事をする」「約束を果たす」の意味では1800年代の後半からアメリカで。

特定の人が有利になるように仕組まれた

タイガーズがゲームに勝ったよ。

　　——またかね？これで、10ゲーム続けてだね。

いや、11ゲームだよ。

　　——どちらにせよ、今シーズンは、まるで勝つように仕組まれているみたいだね。

サイコロを使ったゲームや賭博で、特定の目が出やすいように仕組むことを load という。部分的に重くなるよう、細工しているらしい。比喩的に「どちらかに有利な（あるいは不利な）結果になるよう仕組まれている」の意味としては1800年代の後半から。

手の込んだ出し物

彼のプレゼンは、人受けをねらった出し物だったよな。

　　——全くね。写真や動画の使い過ぎだったよね。

そうね。会場の人は見ていて楽しんでいたようだけど、それだけさ。

　　——内容はお粗末。学問的には、ということだよ。

イメージとしてはサーカスなど、各地を巡回する旅興行での出し物。派手な飾り物をつけた dog（犬）や pony（子馬）が、にぎやかに場内をかけめぐっているのである。転じて「人受けをねらった派手な出し物」の意味で1950年代から。One-trick pony（1つの芸しかできない人）の表現も。

D Done and dusted

How far have they gotten with repairing the garage? Can you see it from there?

> Well, they are doing the painting right now.

Then everything will be **done and dusted** very soon. Let me put the kettle on.

> Yes, please.

Down a [the] rabbit hole

Where were you last month?

> I was staying with my friend in New York City.

How did it go?

> It was like falling **down the rabbit hole**. Everything was bizarre.

Down the drain

All the lessons at the school are arranged on a prepaid basis.

> So what happens if the school goes bankrupt?

Good question. All the money will be **down the drain**.

> Which means you can't get it back.

Drama queen, a

Oh, what should I do? It must be cancer. I will have to give up my work.

> Wait! What's all this about?

They sent me the report of my physical, and it says I need further examination.

> Take it easy. Don't be such **a drama queen**.

（作業などが）完了した

やってもらっているガレージ修理は、どれぼど進んでいるの？そこから見える？

　　——今、ペンキを塗っていただいてるところだけど。

じゃ、もうすぐ終わりだね。お茶の用意をしましょう。

　　——じゃ、よろしく。

Done は「仕事が完了している」で dusted は「塵が取り除かれている」の意味。Done と dusted と韻を踏ませ言葉遊びをしている。「出た塵も取り除き、仕事を完璧に仕上げた」というニュアンス。1950 年代からイギリスで使われるようになった。

不思議な別世界

先月はどこへ行ってましたか？

　　——ニュー・ヨーク市の友達の家にいました。

どうでしたか？

　　——まるで別世界のようでした。何もかもが普通ではありませんでした。

L. キャロルの『不思議の国のアリス』（1865 年）で、アリスは rabbit（兎）を追いかけて hole（穴）にはまり込む。するとそこは不思議の国、常識では考えられないことが次々と起こる世界。ここでアリスはさまざまな冒険をする。1930 年代から。おもに fall [go] down the rabbit hole で使う。

むだになる

その学校のレッスンはすべて前払いに設定されています。

　　——で、学校が破産したらどうなるのですか？

よい質問ですね。払ったお金は、すべてむだになります。

　　——ということは、取り戻せないということですね。

Drain は、イギリスでは「樋、水路などの排水設備」、アメリカでは「浴槽や台所の流しなどの底にある排水用の穴」のこと。いずれにせよ、そこから水と共に流し捨てられた物は下水溝の中、取り戻せない。1920 年代からの表現。Down the tube(s)（1960 年代から）とも（tube は「管」）。

ささいなことを大げさに表現する人

ああ、私、どうしよう。きっと癌に違いない。仕事も辞めないと、いけないわ。

　　——待てよ。一体、何のことだ。

検診の結果が送られてきて、精密検査が必要だって書いてあるのよ。

　　——落ち着けよ。大げさにするなよ。

Drama queen は文字通りなら「舞台の女王」で、ここでは舞台で主役を演じるヒロインのこと。主役は、時には大げさな身振りや言葉遣いで、客を沸かせ劇場を盛り上げることもある。比喩的に「大げさに振る舞う人」の意味で男性に対しても使う。1920 年代からアメリカで。

D Draw the short straw

The problem was who would do the boring job for everybody.

> And no one volunteered.

No. Then, suddenly the boss pointed a finger in my direction.

> So you **drew the short straw**.

Dress rehearsal, a

I hear you are planning to tour this country on a bike.

> Oh, yes. It'll take about three months, I hope.

So, is it your **dress rehearsal** for your bike trip around the world?

> Yes, you could say so. I need to have confidence and experience.

Dressed to kill

Are you going to watch the singing program on TV tonight?

> Yes. My friend told me to be sure to see it because it's a famous annual show.

I think I'll listen to that program on the radio.

> Oh no! You should watch it on TV. I hear everyone on stage is **dressed to kill**.

Drop the ball

This is a big chance. Take my advice.

> Well, the price wouldn't be small. I'd have to live away from my family.

Don't **drop the ball** on this. You couldn't get it even if you asked Santa Clause for it.

> Let me give it some thought.

貧乏くじを引く

問題はね、誰がみんなのために、そのつまらない仕事をするのかだったんだ。

　　——それで、誰も進んで手を挙げなかったんだね。

そう。すると突然、上司が指で僕のほうを指したのさ。

　　——じゃ、君が貧乏くじを引いたってわけか。

勝負などを、握られた straw（わら）を draw（引く）ことで決めた昔の習わしから。最も short（短い）わらを引いた人が敗者になった。「みんながしたくない仕事をする」という意味では 1930 年代から。Draw straws for the winner（くじで勝者を決める）などの表現も。

本番をひかえた最終のおさらい

自転車でこの国を一周する計画をしておられるようですが。

　　——ええ、3 か月程度になれば、いいと思っているんですがね。

世界一周の自転車旅行に向けての最終の調整ですか？

　　——そんなもんです。自信と経験が必要ですから。

役者は公演を間近に控え、当日の dress（衣装）を実際に身に着けて、照明器具や舞台装置の確認のため、本番さながらに最終的な rehearsal（リハーサル）をする。本来 dress rehearsal はこのこと。転じて「実際にうまく行くかの最終の確認」という意味。1800 年代の中頃から。

人目につく衣装を着る

今晩、テレビで歌番組を見るつもりですか？

　　——ええ。友達が、あれは年に一度のショーなので、きっと見るよう言ってたわ。

その番組は、私はラジオで聞こうかな。

　　——ええっ？テレビで見ないと。舞台では、みんなすごい衣装らしいのに。

この to kill は dance to kill など、ほかの動詞に付けて「見事に」を意味する。Be dressed to kill の表現は、詩人 J. キーツ（1795-1821）の手紙文に見られる。1920 年代、アメリカの暗黒街でのギャングの派手な格好が、この表現が広く使われ始めた背景。

機会を逸する

これはまたとないチャンスだ。僕の言う通りにしたら。

　　——でもね、代償は少なくないしね。家族と別々に暮らすことになるよね。

逃がす手はないって。簡単に手にできる物ではないし。

　　——しばらく考えさせてくれよ。

アメリカで発祥した球技に由来する。アメリカン・フットボールでパスを受けたレシーバーが ball（ボール）を drop（落とし）たり、野球で野手がフライを落とすなど、さまざまな場面が想定される。比喩的に「機会を失う」「失敗する」の意味で 1950 年代から。

Eat humble pie

Why do you think he made such a remark to his boss?

> He just happened to be in a bad mood.

Everyone at the table seemed surprised.

> Well, he told me later he would have to **eat humble pie**.

Eat one's hat

I've been waiting for him for almost an hour. He promised to pick me up.

> I'll **eat my hat** if he's here on time. Last time, he didn't even show up.

Oh no. The concert must be starting.

> He seems friendly but not reliable.

Elbow grease

Is there anything I can do to help you?

> Well, why don't you clean the bathroom for me?

Okay, what do I need? A cloth, some water, some cleanser and what else?

> And lots of **elbow grease**.

Elephant in the (living) room, the

Have you decided who to vote for?

> No, not yet. None of them were brave enough to say anything about **the elephant in the room**.

Which elephant? The housing one?

> Exactly! They seem to be staying away from that issue.

恥ずかしく思う

なぜ彼が自分の上司にあんなことを言ったんだと思う？

——虫の居所が悪かっただけさ。

同席していたみんなは驚いていたようだよ。

——彼は後で僕に、面目ないと言っていたよ。

昔、鹿や豚の umbles（臓物）が入っている umble pie という食べ物があり、おもに humble（身分の低い）人向けだった。Umble と humble は発音が似ていたので、umble pie は humble pie と呼ばれた。「恥じ入って誤りを認める」の意味で 1800 年代初めから。

起こらないことを確信する

かれこれ 1 時間、彼を待っているんだけど。迎えに来るって、約束したのに。

——彼なら絶対、時間通りには来ないよ。前はね、現れもしなかったし。

えっ。コンサートは始まっているに違いないわ。

——彼は愛想がいいけど、あてにならないよ。

「hat（帽子）を eat（食べて）やろう」と、できないことを例に引き、ありえないことを冗談っぽく言う表現。1800 年代前半から。おもに I'll eat my hat if ～で、「～なんてありえない」の意味で使う。C. ディケンズ『ピックウィック・ペーパーズ』（1837 年）にも見られる。

骨折り仕事

何か手伝うことはない？

——それじゃ、代わりにお風呂を掃除してくれる？

いいよ。何が必要かな？雑巾、水、クレンザーと、ほかに何か？

——それと、頑張ってしようという気持ち。

Elbow は「（関節の）肘」で、grease は「潤滑油」の意味。もともと elbow grease は、磨きものなど油でも関節にさしたいくらい肘を酷使するような、単純な手作業を意味した。今ではユーモアを交えて、一般に「骨折り仕事」のこと。1600 年代の初めから。

みんなが気付いているのに誰も触れない問題

誰に投票するか、決めましたか？

——いいえ、まだです。目の前の問題を、誰もあえて取り上げていないからです。

どの問題ですか？住宅問題ですか？

——そうです。そのことについては、触れないように、しているみたいです。

部屋に象がいたら、誰でも気付くだろう。しかし、いたとしても、それは常識的にあり得ないこと。まず自分の目を疑い、口に出すことすら躊躇するだろう。転じて「目の前にあるのに話題として取り上げることをためらう問題」。1930 年代、アメリカから。

E Eye candy

Look at this menu.

Wow, all the dishes are shown in pictures.

They sure sharpen our appetite.

Well, they are just **eye candy**, I hate to say.

So, what we see is not what we get.

コラム Idiom	史実が由来のイディオム	

掲載頁

As a rule of thumb	14
Blow [toot] one's own horn	28
Burn a bridge	32
Bury the hatchet	34
By hook or by crook	36
Carry coals to Newcastle	40
Feather in someone's cap, a	62
Get off scot-free	74
Hand to mouth	84

見た目がよいだけの人や物

このメニューを見てごらん。

　　――すごい。料理にはみんな写真がついていますね。食欲をそそられますね。

でも、これらは実際とは少し違うんですよ。

　　――というと、この通りの物が出て来ないんですね。

Candy（キャンディ）は甘い菓子の象徴。文字通りなら「見た目、甘そうに見えるお菓子」だが「見掛け倒し」つまり「中身が伴わない」という意味。一般的に物や人について使う。Ear candy（聞こえがよいだけの物）の表現もある。両方とも1970年代から。

	掲載頁
Hear about something through the grapevine	92
Jump on the bandwagon	108
Leave no stone unturned	122
Like turkeys voting for Christmas	126
Mother of all somethings, the	138
On the wagon	152
Red tape	176
Sell someone down the river	182
Sing a different song [tune]	186
Steal a march	196
Talk through one's hat	200
Talk turkey	200
White elephant, a	222

F Face the music

Did you know he had a traffic accident?

> I heard about it, but I don't know exactly what happened.

Well, he was drunk driving, and ran into another car from behind.

> He will really have to **face the music**.

Faster than you can say Jack Robinson

Ah-choo! I think I am catching a cold. Ah-choo!

> Bless you. Here, take this herbal medicine.

Will it wor...ah-choo!...work?

> It works miracles. You will get well **faster than you can say Jack Robinson**.

Feather in someone's cap, a

Did you do well in the judo tournament?

> Thanks. I won first prize.

That's great. It's going to be **a** big **feather in your cap**.

> No, it goes to my coaching staff. They cried tears of joy with me.

Feather one's nest

The new governor was kicked out of office.

> So was the one before him. This is the second straight time.
> What did he do this time?

He misused public funds for his private purposes.

> Oh, the last mayor also **feathered his own nest** and lost his job.

F

当然の報いをうける

彼が交通事故を起こしたのを知っていたかい？

——聞いたけど、どんな事故か詳しくは知らないよ。

あのね、飲酒運転をしていて、ほかの車に追突したのさ。

——じゃ、当然の処罰を免れないな。

「music（管弦楽団）の方を face（向く）」が文字通り。歌手は聴衆が退屈な顔をしても、楽団と客に向かい歌わねばならない。ほかに、兵隊に除隊を命じる時、太鼓を打ち鳴らしたので、これが由来とする説もある。「逃げ隠れせず責任を取る」という意味で 1800 年代中頃から。

すぐに

はっくしょん！ 風邪かな。はっくしょん！

——お大事に。さ、この漢方薬を飲んでごらん。

これ、効く…はっくしょん…かな？

——信じられないほど効くよ。すぐによくなると思うよ。

Jack Robinson は誰なのか不明だが、この名前はイギリスでよく耳にする名前。言いやすかったのかもしれない。1700 年代から使われているので、1940 年代〜 50 年代に活躍したアフリカ系大リーガーの同名の野球選手とは無関係。Before you could say Jack Robinson とも。

〜の偉業として誇れる物

柔道大会では、うまく行きましたか？

——ありがとうございます。優勝しました。

すごいですね。それは本当に誇れる物ですよ。

——いいえ、コーチ陣のお陰ですよ。一緒に、うれし涙を流してくれました。

戦士の頭部には、鳥の羽が誇らしく飾られていた時代があった。アメリカ・インディアンや中世のイングランドの騎士は、倒した敵の戦士と同じ数の羽を帽子や兜に飾り付け、誇示したことが知られている。1600 年代の最初から。

地位を利用して、公金を横領する

新しい知事が職から追いやられたよ。

——前任者もそうだったな。これで 2 人連続だな。今回は何をしたんだい？

個人目的のために、公的な資金を誤って使用したのさ。

——えっ、この前の知事も地位を利用した公金横領で失職したんだろ。

鳥のなかには、ほかの鳥の feather（羽）をついばんで自分の nest（巣）に持ち帰り、飾り立てる鳥もある。J. バニヤン『天路歴程』（1678 年）に feathered his Nest with other men's goods...（自分の家を他人の物で飾った）と、この表現が使われている。

F Feel a lump in one's throat

Did you see the documentary on the basketball player?

 Yes, I did. I never knew he'd been supporting child victims of the war.

Neither did I. The scene where they sang for him moved me to tears.

 I'll say. I couldn't watch it without **feeling a lump in my throat**.

Feel something in one's bones

They say the economy is getting better. What do you say?

 Well, I doubt it.

What makes you say that?

 I can't say for sure, but as a business consultant, I can **feel it in my bones**.

Feet of clay

That TV personality is now like a fallen idol.

 Yes, he is, isn't he? I have been wondering what happened to him.

Well, the media wrote about his **feet of clay** in a big way.

 Now I remember. Something he did ages ago, wasn't it?

Fifth wheel, a

How was your weekend?

 I went out to dinner with two couples.

Oh, you were **a fifth wheel**, then?

 Yes, I was, but they were delighted to welcome me. I really enjoyed their company.

感極まる

バスケットボールの選手のドキュメンタリー番組を見たかい？

　　──見たよ。戦争で被害を受けた子どもを支援していたなんて、知らなかったよ。

僕もさ。子どもたちが彼に歌を歌っていた場面には涙が出たよ。

　　──全くね。見ていると、胸が熱くなってしかたなかったよ。

Lump は「かたまり」。悲しみ、感謝、郷愁などで感極まると、声が震え throat（喉）の奥に何かつっかえ胸が熱くなる。Bring a lump in ~ 's throat や A lump rises in ~ 's throat. など類例が多い。1800 年代の初頭から。

～を直感する

経済状態は改善しつつあると言われてますが、どう思いますか？

　　──それはどうかな。

どうしてそう思うのですか？

　　──はっきりとは言えないが、ビジネス・コンサルタントとして直感的に思うよ。

骨折の経験があったり関節炎を患っていたりすると、天気が大きくくずれる前には、古傷や患部にある bones（骨）が痛みだすという。「天気痛」と呼ばれるが、これが由来。1600 年頃から。Feel のほかに know, believe などの動詞に続く。

回りに気付かれない弱点

あのテレビ・タレントは、今は人気がないね。

　　──本当にそうだよね。どうしたことか、私、ずーっと気になっていてね。

あのね、メディアが彼の弱みを、派手に書きたてたのさ。

　　──思い出した。昔したことでしょう？

旧約聖書「ダニエル書」（2:33）から。ネブカデネザル王が夢で見た像について、預言者ダニエルは、実は像の feet（足）の一部は clay（粘土）でできていて、これは像の弱点であり、この国の滅亡を意味すると予言する。「尊敬される人の隠された弱点」という意味で 1600 年代から。

不必要な人や物

週末はどうだった？

　　──ふた組の夫婦と夕食に行ったよ。

えっ、それじゃ、あなたはお邪魔虫だったってこと？

　　──そうよ。でも喜んで迎えてくれたので、一緒にいて楽しかったわ。

荷車や馬車はたいてい 4 輪で走行する。仮に fifth wheel（第 5 番目の車輪）があっても、あまり意味がない。例のように、2 組のカップルに居合わせた人も、このように呼ばれる。1600 年代から「無用の長物」「お邪魔虫」の意味で使われる。

F Fit the bill

Hi, Thomas! Did you find a good package tour for us?

> Yes, how about this? A three-day tour in Great Britain by train, starting on May 1.

Well, how much does it cost?

> It's within your budget. It should **fit the bill** just fine.

Fly by the seat of one's pants

How is his new business doing?

> Well, it's just gotten started. There haven't been any problems so far.

At the moment, he is just **flying by the seat of his pants**, isn't he?

> Yes, but he is trying to learn from experience every day.

Fly in the ointment, a

Did you try the new sushi bar?

> I did, but I was surprised at the check.

Was it expensive?

> Yes. That was **a fly in the ointment**. Other than that, everything was fine.

Fly off the handle

I'm so sorry, Mom. I didn't mean to **fly off the handle**.

> That's all right.

I misunderstood you completely.

> You've been under too much stress lately. Get a good night's sleep.

条件を満たしている

こんにちは、トム。何かいいパッケージ・ツアーは見つかったかい？

——ええ、これはいかが？鉄道で3日間イギリスの旅で、5月1日出発です。

それで、いくらかな？

——予算内ですよ。条件をぴったりと満たしているでしょう。

ここでは bill は「劇やショーなどの宣伝広告、チラシやプログラム」のこと。プログラムの空いている部分を埋める芸人がいないか探していて、それにピタリと fit（合う）人が見つかった時のイメージが、この表現の由来。Fill the bill ともいう。1800 年代の前半から。

直感で

彼の新しいビジネスは、どんな様子だ？

——まあ、始まったばかりでね。これまでのところ、問題ないよ。

とにかく今は、勘に頼ってやっていて、危なっかしい感じがするだろ？

——そうだな、でも、毎日、経験から学ぼうとしているよ。

アメリカ空軍で使われた表現が一般化した。昔、計器は今ほど精密で正確でなかった。このためパイロットは pants（ズボン）の seat（尻当て）のところで、真っ直ぐに座って操縦桿を握り、状況に応じて「直感で」、的確な判断をして操縦する必要があった。1930 年代から。

玉に瑕（きず）

新しい寿司屋さんへ行ってみましたか？

——ええ。でも勘定書きにはびっくりしました。

高かったのですか？

——ええ。それだけが気にかかりましたが、それ以外はよかったですよ。

紀元前 3 世紀に書かれた旧約聖書「伝道の書」（10:1）「死んだ fly（はえ）は、香料を造る者のあぶらを臭くし ...」が直接の引用先。「香料」に当たる英語としては欽定訳聖書では、通常「軟膏」の意味する ointment が使われている。1600 年頃からの表現。

思わずかっとなり自制心を失う

おかあさん、ごめんね。怒るつもりはなかったの。

——いいよ。

お母さんのことを、全く誤解していたのよ。

——最近、ストレスがたまっているんじゃない。ぐっすり休んだら。

斧を振り上げて仕事していると、これまで固定されていた先端の刃の部分が、handle（柄）から fly off（抜けて飛んで）しまった。つまり今まで歯止めがかかっていたものが、突然、解き放されたのである。これを「自制心を失う」ことにたとえた。1800 年代中頃から。

Fly on the wall, a

Looks like an emergency meeting has been called for this evening.

> What decision do you think they will come to?

Your guess is as good as mine.

> I wish I would be **a fly on the wall** during that meeting.

For the birds

Have you decided on what to do for a science project?

> No, I haven't? Have you?

Well, I think I will see what happens if I cook popcorn without a lid.

> That'll be fun, **but it's for the birds**.

Forty winks

Daddy, how much longer?

> In a few minutes.

You promised to give me a horsey ride.

> Let me get **forty winks** first, okay?

From scratch

I want to make a cake for Dad's birthday. What do we need?

> All you need is the cake mix. It must be somewhere in the cupboard.

Oh no. I want to make it **from scratch**.

> Okay, then you need some flour, butter, eggs, sugar...and that's about it.

こっそりと部屋の様子をうかがおうとしている人

緊急の会議が、今夕、招集されたようだね。

　　――どんな結論になると思いますか？

私にも分かりませんよ。

　　――会議をこっそり盗み聞きできたらね。

Wall（壁）に fly（はえ）がいても誰も気付かない。そんなはえになってまでも、密談されている部屋に忍び込んで、話のやり取りを聞きたいと思っている人のこと。イギリス人作家 N. ミットフォード『Love in Cold Climate（寒い季節の愛）』（1949 年）で使用されたのが最初。

何の価値もない

理科の課題に何をするか、もう決めた？

　　――まだだよ。君は決めたか？

そうだな、ふたを開けたままポップコーンを炒るとどうなるか、やってみようかな。

　　――おもしろいな、でもつまらないよ。

「鳥のための」というのは、イメージとしては牛馬の糞である。鳥にとれば、その中に巣作りの材料になる物があるかもしれないし、餌になる物が何か残っているかもしれない。しかし牛馬の糞は、それ以外には「何の価値もない」物である。「現実的でない」の意味でも。1950 年代から。

短い眠り

お父さん、あとどれぐらい？

　　――もうちょっと。

お馬さんごっこをしたげるって、約束したよ。

　　――まずちょっと寝させてくれよ。

1800 年代前半から。Wink は「眠り」。シェークスピア『コリオレーナス』（1616 年）（3 幕 1 場）I could beat forty of them.（いざとなればヤツらの 40 人や 50 人くらい）（小田島訳：白水社）、『アリババと 40 人の盗賊』など 40 は、漠然と「多数」の意味。聖書には 40 の数が多くある。

最初から

お父さんの誕生日にケーキを作りたいんだけど。何が要るかな？

　　――ケーキ・ミックスさえあればね。戸棚のどこかにあるはずよ。

違うよ。最初から作りたいのよ。

　　――ああ。だったら、小麦粉、バター、卵、砂糖…まあ、そんなところね。

Scratch は「鋭い物で引いた線」のこと。ここでは徒競走のために、地面に引かれたスタート・ライン。ハンディが与えられ、それより前から走ることになっていない限り、走者は最初に引かれたこのラインから出走する。「最初から」という意味で 1800 年代の中頃から。

F From soup to nuts

Did you hear what he had to say at the news conference?

Yes, I did.

What do you think about it?

Well, I suspect he didn't tell the whole story **from soup to nuts**.

From the word go

How is your new car you bought last month?

We've had endless problems **from the word go**.

What was the first one?

The horn didn't work.

コラム Idiom	本・映画・新聞など からのイディオム

掲載頁

Albatross around someone's neck, an	10
Bite the dust	28
Blow hot and cold	28
Bucket list, a	32
Catch-22 (situation), a	42
Cook someone's goose	46
Cross that bridge when one comes to it	48
Down a [the] rabbit hole	54
Fly on the wall, a	68

何から何まで

記者会見での彼の言い分を聞きましたか？

　　──ええ、聞きましたよ。

どう思いますか？

　　──そうですね、何から何まですべてを明かさなかったと思いますよ。

正餐は soup（スープ）で始まり、菓子、果物、または nuts（木の実）で終わったことに由来する。同じ意味で古代ローマ時代には from eggs to apples、中世イギリスでは from potage to cheese の表現があり、当時の食文化を知ることができる。アメリカで 1910 年代からの表現。

スタートから

先月買った新しい車の調子はどうだ？

　　──最初からトラブル続きでね。

最初のトラブルは何だったんだい？

　　──クラクションが鳴らなかったんだよ。

徒競走での出発の合図、つまり「位置に付いて、用意、ドン」は、アメリカでは On your mark! Get set! Go!、イギリスでは Ready! Steady! Go! となる。この Go! という word（言葉）に由来する表現。1800 年代初期から。From the get-go も同じ意味。

	掲載頁
It takes two to tango.	104
It's all Greek to me.	104
Jump the shark	108
Keep up with the Joneses	114
Memory like an elephant, a.	134
Mickey Mouse	136
On the tip of someone's tongue	152
Pie in the sky	160
Sour grapes	192
Wake up and smell the coffee	216
World is someone's oyster, the	226

Game-changer, a

What happened at Fukushima will go down in history.

> In what way?

Well, in how we think about nuclear power plants.

> Yes, it could be **a game-changer** in the electric power industry.

Garden-variety

This plant is something very special.

> Special? In what way? It seems just **garden-variety** to me.

Well, some butterflies are attracted only to those blossoms while migrating across Japan.

> Migrating butterflies? Never heard of that.

Get a kick out of something

We're visiting the ninja museum. Why don't you come with us?

> The ninja museum?

Yes. It has a great collection of ninja things. I think you'd **get a kick out of that**.

> Okay, count me in.

Get bent out of shape

The party immediately started badly, and Uncle John **got bent out of shape**.

> What happened?

The florist sent funeral flowers, and the food he ordered came frozen.

> Oh, no way. Who wouldn't have gotten mad?

転換期

福島で起こったことは、歴史に残るでしょう。

　　──どのような点で？

原子力発電に対する考え方で、です。

　　──そうですね。電力産業での転換期になるかもしれません。

Game-changer とは、もともと各種スポーツの試合で、ゲームの流れを大きく変える出来事。選手の交代、審判の判断、ある選手の好プレーや失策などが考えられる。これが比喩的に用いられたのはアメリカで 1960 年代から。

ごく、ありきたりの

この植物はとても特別なんだ。

　　──特別な？ どんな点で？ 私には、ごくありきたりの物にしか、見えないけど。

あのね、ある蝶が日本を縦断する時に飛来するのはこの花だけなのさ。

　　──渡りをする蝶？聞いたことがないな。

1700 年代後半「どこの garden（庭）にもあるような variety（種類）の草木」の意味で使われていたこの表現は、1900 年代の初めから、アメリカでは「ありふれた」として使われ始めた。イギリスでは同じ意味で common-or-garden という表現が 1800 年代末からある。

～を楽しむ

忍者博物館に行くんだけど、一緒に来ないかい？

　　──忍者博物館？

そう。忍者に関係した物が多く集められていて、おもしろいと思うよ。

　　──分かった。連れて行って。

Kick は「蹴ること」ではなく、ここでは「興奮」「スリル」「（お酒の持つ）刺激性」などの意味（1800 年代中頃から）。イディオムとしては 1900 年代になってから。♪I Get a Kick Out of You♪（1934 年）という歌が流行してから、広く使われ始めた。

かんかんに怒っている

パーティーが始まったとたんに最悪で、ジョン叔父さんはひどい怒りようさ。

　　──どうしたんだい。

花屋が葬儀用の花を届けたし、注文した料理は凍っていたんだ。

　　──まさか。かんかんにならない人はいないよね。

Bend は「曲げる」で、out of shape は「不格好な」が文字通り。腹を立てて怒りをあらわすと、顔の形もくずれ、体も「く」の字に曲がっているのかも知れない。Be bent out of shape の形でも。1950 年代から。

G

Get cold feet

What was the most thrilling ride at the park?

> The Freefall, for sure, and it was the second highest in the world.

So you gave it a try. What nerve! How was Bill? Did he go on the ride too?

> Oh no, he didn't. He **got cold feet** at the last minute.

Get down to brass tacks

How did the talks with management go?

> Actually, nothing came of them. They tried to duck the wage issue.

So you didn't have a chance to **get down to brass tacks**?

> No. Everyone was very angry with them.

Get off scot-free

Did you ever get a speeding ticket?

> Once. That was when I was hurrying to the hospital. I just had an emergency call.

Didn't you explain the reason to the policeman?

> I did, but I couldn't **get off scot-free**.

Get someone's goat

He left the room looking very upset. Is anything the matter?

> Someone in the office teased him about his new haircut.

So that **got his goat**?

> Well yes, but he could have let it go.

おじけづく

公園で1番スリルがあった乗り物は何だった？

　　——もちろん、フリー・フォールさ。世界で2番目の高さだったよ。

それで乗ってみたんだね。勇敢だね。ビルはどうだったの？彼も乗ったの？

　　——いいえ。最後の最後に、おじけづいたよ。

1600年代、イタリア語では「お金がない」を意味した。この表現はイタリアのロンバルディア地方で1800年代に入っても使われていて、その地方からの移民がアメリカへ伝えた。「お金がない」が「尻込みする」の意味で使われたのは1800年代の終わりから。

本題に入る

経営者側との協議はどうだったんだい？

　　——実際は、何も成果はなかったよ。彼らは給料の問題を避けようとしたんだ。

で、本題については、話せずじまいだったのか？

　　——そうだよ。みんな、怒っていたよ。

昔、椅子などの布を張り替える作業で、最も気を使う工程は、新しい布を brass-headed tack（頭が真ちゅう製の押しピン）で本体に打ち付ける時。その作業に入ることを、get down to brass tacks と呼んだ。「本論に入る」としては1800年代の末から。

罰を受けずにすむ

速度違反の切符を切られたことがある？

　　——一度だけね。病院に向かっていた時さ。ちょうど緊急電話があってね。

警官に理由を説明しなかったのか？

　　——したさ、でも無罪放免にはならなかったよ。

イギリスでは中世以前 scot は「税金」「地代」を意味した。中世に入ると、この意味は失われ church scot（教会への貢物）などに名残りが見られるだけとなった。Free は「〜のない」という意味なので get off scot-free で「代償や罰なしですむ」として1500年代から。

〜を怒らせる

彼がムッとして、部屋を出て行ったけど、どうかしたの？

　　——事務所の誰かが、彼の新しいヘアスタイルを茶化したんだよ。

それで彼が怒ったんだな。

　　——うん、でもそんなことは気にせず、聞き流せばよかったんだけどね。

アメリカでは1900年の初め、出走を控えた競走馬を落ち着かせるため、同じ厩舎に goat（山羊）を入れる習慣があった。これが盗まれると、レースに影響があるかもしれないので、馬主は大騒ぎしたという。「（わざと）〜を怒らせる」という意味で1900年代初頭から。

G Get the ax

What is the main item on the agenda?

> The new business model for the next ten years.

Does that include streamlining the staff?

> Oh yes, some three-hundred clerks may **get the ax**.

Get the wrong end of the stick

Thanks for working my morning shift tomorrow.

> What are you talking about? I have something
> else to do tomorrow.

But you said you would switch days with me.

> I meant next week. I am afraid you **got the
> wrong end of the stick**.

Get up on the wrong side of the bed

Mike didn't even say hello to us this morning.

> He didn't?

No. He wasn't his usual happy self. Is anything the matter with
him?

> Well, maybe he just **got up on the wrong side of the bed**.
> That's all.

Give a (clean) bill of health

So I had to stay in the hospital overnight.

> Were you that bad off?

Oh no, just to be on the safe side, and the doctor **gave me a clean
bill of health** this morning.

> Now, you look really fit and healthy.

解雇される

議題のおもな案件は何ですか？

——向こう10年間の新しいビジネス・モデルです。

それは社員の大量の削減を含むのですか？

——ええ、約300人の事務職員が解雇されるかもしれません。

Ax（斧）に the を付けて死刑執行人が持つ斧、さらに比喩的に「経費や人員の削減」を意味する。斧が持つ「切り落とす」というイメージから。これが1800年代の後半から「解雇」そのものを指すようになった。Give ～ the ax（～を解雇する）ともいう。

誤解する

明日、私の朝のシフトの時間に入ってもらってありがとう。

——何のこと？ 明日は、ほかにすることがあるんだけど。

でも、私と日を代わってくれると言ったよ。

——来週のことのつもりだったんだけど。聞き間違ったんじゃないかな。

ここでは stick は walking stick（歩行用のつえ）のことで、これを上下さかさまに持っているイメージ。1400年代より「誤解する」の意味で get the worse end of the staff が使われていたが（staff は古くは「つえ」）、1800年代の終わりから現在の表現に。

寝起きが悪く、不機嫌な

マイクは今朝は挨拶もしなかったよね。

——しなかった？

しなかったよ。いつもの愛想のいい彼でなかったよ。何かあったのかな？

——たぶん機嫌がよくなかっただけだよ。

The wrong side（正しくない側）とは「左側」のこと。古代ローマ時代よりベッドを左足から下りると不運が起きるという迷信がある。また、左の靴を先にはく、家に左足から入るなども縁起が悪いとされ、英語では「左」を不吉とする迷信が多い。1800年代の初めから。

問題ないと太鼓判を押す

それでね、私、一晩入院しないといけなかったんです。

——そんなに悪かったのか？

いいえ。念のためにね。今朝、お医者さんには、全く問題ないって言われたよ。

——今は、本当に元気そうだよ。

もともと（clean）bill of health とは、次の寄港地に提出するために出港地で船長に与えられた証明書で、1600年代から。船内や出港地での伝染病の有無が記載されていて、これがないと入港できなかった。今では「問題なしの証明」の意味で健康状態や経営状況についていう。

Give someone the boot

I hear they **gave him the boot**.

> Oh, that wasn't the case. He quit.

Oh, he did?

> Yes, he resigned over a matter of principle. That's what it was.

Give something a thumbs-up

I'd **give your outfit a thumbs-up**.

> Really? This is what I got on sale at the end of the last season.

It really looks good on you, though.

> Thank you. I am glad.

Go against the grain (with someone)

Have you made any plans for spring break?

> Not yet. But I hope I can go somewhere. How about you?

I think I will just stay home and take it easy.

> Well, it **goes against the grain** for me to hang around the house like that.

Go over like a lead balloon

He looks happy about the decision.

> Of course, he is. They welcomed his proposal.

Actually, he was worried his idea might **go over like a lead balloon**.

> Really? He didn't seem that way to me at all.

～を解雇する

彼は解雇されたと聞いたんだが。

——それは事実ではないよ。彼は辞職したんだよ。

えっ、そうだったのか？

——そうだよ。信条の問題で辞めたのさ。それが実際のところさ。

Boot は「長靴」のほかに、長靴をはいた足で蹴って人を職場から追い出すというイメージから、the boot で「解雇」そのものを意味する。1800 年代後半から。類似の表現として、get the boot（解雇される）、order of the boot（解雇の命令）がある。

～を承認する

あなたの着ている服は、なかなか素晴らしいね。

——ほんと？昨シーズンの終わりに安売りで買った物よ。

でも、なかなか似合っているよ。

——ありがとう。うれしいわ。

米国空軍のパイロットの間で「良好」を意味する thumb（親指）を up（立て）ることに由来する。ほかに古代ローマの円形闘技場で、観客が剣闘士に送ったサインの 1 つから、とする説もあるが、今とは正反対の意味で使われていたらしい。「承認する」として 1900 年前半から。

（～の）性分に合わない

春休みの計画は何か立てたの？

——いいえ、まだよ。でも、どこかへ行ければ、と思っているの。あなたは？

家にいて、のんびりしていようかな。

——そう、私には、あなたのように家でぶらぶらしているのは、性に合わないわ。

Grain は「木目（の方向）」のこと。木目とは逆の方向に木を削ったり、かんなをかけたりすると、木目に沿ってするのと違って大変やりにくい。転じて「（～の）意向に反している」「（～の）気分を損ねる」などの意味で 1600 年代中頃より。

大失敗する

その決定に彼は満足そうだね。

——もちろんだよ。自分の提案が、喜んで受け入れられたんだからね。

実はね、彼は自分の考えが没になるのではと心配していたんだ。

——ほんとかね。私には全く、そうは思えなかったけど。

Balloon はここでは hot air balloon（熱気球）のこと。色とりどりで空中に漂い、人々から喜ばれ喝さいを受けるはずの熱気球も、もしそれが lead（鉛）でできていたのでは舞い上がりさえしない。比喩的に「（スピーチ、提案、冗談が）失敗する」の意味で使われる。1960 年代から。

G Go the (full) distance

What is he doing in his backyard?

> He says he's building an antenna to communicate with UFOs.

To communicate with UFOs?

> Oh, yes. It's his dream, and he's **going the distance** to make it come true.

Go the extra mile

You are doing your best to collect money for charity.

> Thanks. We have almost reached our goal.

How much have you gotten so far?

> Ninety percent. We need to **go the extra mile** to get there.

Go to town (on something)

I went to my niece's wedding, and the reception was really special.

> Really special? Well, what was it like?

There was a band and a huge feast. The hall was decorated beautifully with flowers.

> They sure **went to town** on their wedding, didn't they?

Grasp at straws

Have they found the murder suspect?

> The one that broke out of jail? Not yet.

That's why the police officers are on every corner in town.

> Oh yes. They are **grasping at straws** to arrest him.

最後までやり抜く

彼は裏庭で何をやっているのかね？

——UFO と通信するためにアンテナを作っていると、彼は言っているけど。

UFO と通信するって？

——そう。彼の夢なんだ。実現のために、とことん頑張っているのさ。

Distance は「距離」。もとボクシング用語の「最後のラウンドまで続ける」という表現に由来。それが、たとえば野球なら「（投手が）完投する」など、各種スポーツの場面で使われ、さらに一般的に「最後までやり抜く」という意味で使われたのは、1960 年代から。

いっそうの努力をする

慈善のためのお金集めに頑張っておられますね。

——ありがとうございます。ほぼ目標達成です。

これまでどれほど集まりましたか？

——90%です。目標達成まで、いっそう頑張らないとね。

新約聖書「マタイによる福音書」（5:41）「もし、だれかが、あなたをしいて 1 マイル行かせようとするなら、その人と共に 2 マイル行きなさい」から。1 マイルでいいのに extra（余分）に、もう 1 マイル行くよう言われている場面である。イディオムとしては 1900 年代の初めから。

思う存分（〜を）する

姪の結婚式に行ったんだけど、宴会は特別素晴らしかったよ。

——特別素晴らしかったって？ それで、どんな様子だったの？

バンドが来ていて、料理もすごかったよ。広間は花できれいに飾られていたし。

——ほんとうに、にぎやかな結婚式だったんだね。

Town（町）は village（村）よりも大きく、city（都会）よりも小さい規模の行政地域。しかし country と比較して使われると、town は町や都会の持つ華やかでにぎやかライフ・スタイルの象徴。このイメージがイディオムの由来。「徹底して（〜を）する」の意味で、1900 年代の初めから。

最後の望みをかける

殺人の容疑者は見つかったのかね？

——留置所を破ったヤツかね？まだだね。

だから、警官が街のいたる所にいるんだね。

——そうさ、警察は逮捕しようと最後の望みをかけているのさ。

Grasp at 〜は「〜をつかもうとする」。諺 A drowning man will grasp at a straw.（溺れる者はわらをもつかもうとする）から。例のように進行形で使うことが多い。おぼれている人が、わらにもすがろうとするように、切羽詰まっているイメージ。1600 年代の後半から。

G Gravy train, the

This is the wishing tree. It says here that it has a magic power.

Okay. Let's make a wish. What will you wish for?

I want to get on **the gravy train**.

Oh come on. Who grants a wish like that?

Guinea pig, a

Thanks for volunteering to be **a guinea pig**.

No problem. I just wanted to be of some help in this experiment.

Now, when do you think you can come for the second half?

Well, the same time next week.

おいしい仕事

これが願いを聞いてくれる木だよ。ここに、魔法の力があるって書いてあるよ。

　　——そうね。では何かお願いしましょう。あなたは何をお願いするの？

おいしい仕事にありつくことをね。

　　——何言ってるんですか。誰がそんな願いを聞いてくれるのよ？

グレービー・ソースというように、gravy は「肉汁」だが、ここでは「あぶく銭」の意味。1920 年代から gravy train（稼ぎのよい乗務）という表現が鉄道員の間で始まり、今では「おいしい仕事」の意味で使われる。おもに get on the gravy train の形で。

調査資料

調査資料のためにボランティアしていただいてありがとう。

　　——いいですよ。この実験のお役に立ちたかったんですから。

それで、後半部については、いつ来ていただけますか？

　　——そうですね。来週の同じ時刻です。

Guinea pig（てんじくねずみ）はブラジル原産の動物。アフリカの Guinea（ギニア）から奴隷を南米へ運んだ船によりイギリスに持ち込まれ、その大きい頭と鳴き声が豚に似ており、この名前がある。現在、ペットや実験用に育てられている。「調査資料」「実験台」として 1920 年代から。

Hand to mouth

I hear your country has gone into a civil war.

> Oh, yes. It was already in bad shape when I left.

So what's your worry now?

> The people in the country might live **hand to mouth** without knowing where the next meal is coming from.

Have a ball

How about the party? Was it the same old?

> Oh no. Far from it.

So you **had a ball**?

> Yes. There was a jazz band and the music was great.

Have a face for radio

He really looked wonderful on stage.

> He must have had a good make-up artist.

I wish you wouldn't say it like that.

> Well, honestly, he's got **a face for radio**.

Have a finger in every pie

Our new boss is always telling me to do this and do that.

> He doesn't seem to be like that.

Well, it's like he just can't stop **having a finger in every pie**.

> Maybe he is just trying to be of some help to you.

（人、国、地域などが）貧困や存亡の危機にあえぐ

母国が内戦になっているんだって。

——そうなんです。国を離れる前から、すでに状態がよくなかったのです。

今、何を心配されていますか？

——国民が次の食事のあてもなく、貧困の危機にあるのじゃないかと思ってね。

ヨーロッパで封建制が崩壊し、各地で始まった争いの結果、多くの人が放浪し貧困を強いられた。食物にもこと欠き、hand（手）にしたものはすぐ mouth（口）に入れるという当時の暮らしぶりから。おもに live (from) hand to mouth（極貧の生活をする）として 1500 年代初期から。

充分に満喫する

パーティーはどうだった？ いつもと同じだった？

——とんでもない。それどころか。

じゃ、大いに楽しんできたんだ？

——その通り。ジャズ・バンドが来ていて、音楽も素晴らしかったわ。

Ball は、ここでは「球」でなく、魔法使いがシンデレラに言った You shall go to the ball.「お前を、舞踏会に連れて行ってあげるわ」の「正式な舞踏会」の意味。「楽しい一時を過ごす」「どんちゃん騒ぎする」、さらに「てんてこ舞いする」の意味で 1800 年代後半、アメリカから。

見栄えがよくない

彼は舞台で、本当に素晴らしく見えたよ。

——いいメークアップ係でもいたに違いない。

そんな言い方は、してほしくないね。

——でもね、正直、あまり男前ではないんだよ。

ラジオ番組の司会者、ディスク・ジョッキー、パーソナリティの実際の顔つきは、その声から受けるイメージとは必ずしも一致しない。「見栄えがよくない」の間接的な表現で 1950 年代から。おどけて face に good や perfect をつけることも。Have a face for television [the movies] は「器量がよい」。

あちこちお節介する

新しい上司は、しょっちゅう私に、ああしろ、こうしろと言うんだよ。

——そうは思えないけどね。

あのね、あちこちと口出しをしないと、いられないみたいだよ。

——たぶん、何かの役に立ちたいと思っているだけよ。

焼きたてのパイを見れば指で少し取って試食し、頼んでもいないのに、味や舌ざわりについて、あれこれと余計な注文をつけたがる人がいるもの。これが由来。「あちこち首をつっこむ」「いろいろ余計な口出しをする」という意味で 1500 年代後半から。

Have a frog in one's throat

Isn't she singing with the chorus?

> No, she isn't. It seems she hasn't gotten over her cold yet.

That's too bad.

> I hear she **has a frog in her throat**, and has trouble even talking.

Have a green thumb

Are those the roses your father has grown?

> Yes. They are beautiful, aren't they?

Yes. No wonder he won the prize in the rose contest last year.

> That's right. He says he **has a green thumb**.

Have a lot of irons in the fire

What seems to be the problem?

> Well, whatever I do, I don't seem to be able to make it.

You may have **had too many irons in the fire**.

> Well, I didn't mean to, but it turned out that way.

Have a lot on one's plate

What are your plans for tomorrow?

> I have to teach at school, then go to the dentist and see my grandma in the hospital.

You sure **have a lot on your plate**.

> That's not all. I also have to visit my friend.

声がしわがれている

彼女はコーラス・グループと歌わないんですか？

——ええ、歌いませんよ。まだ、風邪が治っていないようなので。

それは気の毒に。

——声がしわがれて、話すのもままならないそうです。

痰が throat（喉）につまったり風邪をひいたりすると、声がかすれ、しわがれ声になる。それが frog（カエル）が鳴くように聞こえるのである。1800 年代中頃から。There is a frog in 〜 's throat. や with a frog in one's throat、find a frog in one's throat など類例が多い。

園芸の才がある

あれはお父さんが育てられたばらですか？

——そうです。美しいでしょ？

ほんとにね。昨年、ばらのコンテストで受賞されたのは、不思議じゃないわ。

——その通りよ。自分で園芸の才があるって言っているわ。

古い諺 An honest miller has a golden thumb.（正直粉屋は商売じょうず）のパロディらしい。英国のラジオ園芸番組 In Your Garden（1930 年代）でよく使われ一般化した表現だが、以前よりあったという。野菜や草花の世話をして thumb（親指）が green（緑色）になるイメージ。

多くのことをしすぎる

どうしましたか？

——私、何をしても、うまく行かないようなんです。

多くのことをしすぎたのかも知れませんね。

——ええ、そのつもりはなかったんですが。でも、結局そうなってしまいました。

昔、洗濯屋さんは flat iron（アイロン用のこて）を fire（火）にかけてから、アイロンがけをした。一度に多くのこてを温めても、冷えたらまた温め直す必要があり、二度手間になるだけ。あるいは、鉄を鋳造する過程に由来するという説もある。1500 年代の中頃から。類例が多い。

仕事をたくさん抱える

明日の予定はどうなっていますか？

——学校で教えて、そして歯医者へ行って、病院へ祖母のお見舞に行かないとね。

やることがいっぱいあるんだね。

——それ以外にもあるよ。友達のところへ行かないといけないし。

料理が盛られているのが dish（盛り皿）で、そこから各自が分けて取って食べる食器が plate（小分け皿）。「小分け皿に食べ物をたくさん盛っている」が文字通りで「責任を手いっぱい抱える」「多忙を極める」という意味。1920 年代から。Have enough on one's plate とも。

H Have a whale of time

How was it? Did they enjoy themselves at the park?

Yes, they seemed to **have a whale of time**.

What ride did they like most?

The roller coaster, for sure. Tim went on it five times. He has a strong stomach.

Have an ax to grind

I would like some feedback on my speech.

Sorry. I wasn't there in the room. Why don't you ask Mike?

I can't expect a fair opinion from him. He **has an ax to grind** with me.

Then how about Molly? She'll give you some sensible advice.

Have bigger fish to fry

Look at this mess!

Yes, I know.

Mom will be mad if she sees this.

Well, I haven't gotten around to it yet. I **have bigger fish to fry**.

Have butterflies in one's stomach

How was my speech?

It was just wonderful.

It was? I **had butterflies in my stomach**, and I don't remember much about the audience.

No kidding! You looked very cool and confident.

素晴らしい一時を過ごす

どうだった？みんな公園では喜んでいたの？

　　——うん。ほんとに楽しかったみたいだよ。

1番に気に入った乗り物は何だったの？

　　——何たってジェットコースターだよ。ティムは5回も乗ったのに平気だったよ。

Whale（鯨）には鮫とは違って肯定的なイメージがある。Have a whale of time で「とても素晴らしい一時を過ごす」という意味で1920年代、アメリカから。ほかに have a whale of job（素晴らしい仕事をする）や have a whale of project（立派な企画をする）などの表現も。

何か思惑がある

私のスピーチについて、何かご意見をください。

　　——ごめん、会場にいなかったんだよ。マイクに頼んだら？

彼には公平な意見は望めないんです。個人的な感情を私に持っていてね。

　　——だったら、モリーはどう？彼女なら良識あるアドバイスをしてくれるよ。

1811年に新聞に載った、ある人の幼年時の思い出話に由来。おだてられ、学校を休み ax（斧）を grind（研ぐ）手伝いをしたが、感謝もされず、果てはずる休みを叱られた。転じて「下心がある」「個人的に（よからぬ）感情を持つ」、さらに「偏見を持つ」の意味で1800年代中頃から。

ほかに大切なことがある

この散らかしようは何なのよ。

　　——うん、分かっているよ。

お母さんが見たら、カンカンに怒るわよ。

　　——でも、そこまでまだ手が回らないよ。ほかに大切なことがあってね。

「Fry（油で調理する）ことになっている bigger fish（より大きな魚）がある」が文字通り。韻の効果のほか、魚はよく油で料理されるので fry と fish が結びついた。Have other fish to fry（ほかにすることがある）や big fish（重要な人物）などの例も。1800年代初期から。

緊張する

私のスピーチはどうだった？

　　——本当に素晴らしかったよ。

素晴らしかった？緊張していて聞いている人のことはあまり覚えていないわ。

　　——何で？落ち着いて自信ありげだったよ。

Butterfly（蝶）が羽を「バタつかせる」ことを flutter というが、ほかに「〜を苛立たせる」「〜をおろおろさせる」ことも意味する。これらの関連から緊張した状態を「胃（stomach）に蝶がいて（羽ばたいている）」と表現したもの。1900年代の初めから。

Have [get] egg on one's face

The Lions lost the game by a big margin.

> Well, I think the manager took the game too lightly.

Yes, I heard him say before the game it'd be an easy win.

> Now he **has egg on his face**.

Have someone in stitches

Jimmy **had me in stitches** at school today.

> What did he do? Tell me.

He was drinking milk, and when he started to talk...Ha! Ha! Ha!

> I get it. It came up his nose.

Have two left feet

No, no. You do it like this. One, two, three. There. Now you try it.

> Well, I can't. This new dance step is too difficult.

Yes, of course you can. You play the drums in the dance band, don't you?

> Yes, but I've **got two left feet** when it comes to dancing.

Heads or tails

Well, let's toss for it!

> Okay. You call it. **Heads or tails**?

Heads!

> Then, if it's heads, you pay the rest; tails, I pay it. No hard feelings.

面目を失う

ライオンズが、大差でゲームを落とした。

——あのね、監督が、そのゲームを軽く見すぎたんだよ。

試合の前に、ゲームは楽勝だって言ってたからね。

——まあ、監督の顔は丸つぶれだね。

不満や怒りを表すのに、egg（生卵）を人の face（顔）に投げ付けることがある。社会的にそれなりの人が、回りの期待を裏切ったりすると、この対象になったりする。「困惑する」「恥をさらす」などの意味で 1960 年代から。With egg on one's face（面目もなく）の例も。

～を笑わせる

今日、学校でね、ジミーには笑っちゃったよ。

——彼は何をしたのよ？教えてちょうだい。

ミルクを飲んでいて、喋ろうとした時にさ … はっはっは！

——分かった。鼻からミルクを噴き出したのね。

ここでは stitch は「（裁縫の）一針」でなく「わき腹の激痛」、さらに比喩的に「大笑い」。シェークスピア『十二夜』（1623 年）（3 場 2 幕）に (you) will laughe yourselves into stitches（原文）（抱腹絶倒するでしょう）とある。広く have ～ in stitches で使われるのは 1930 年以降。

不器用な

いえいえ。こうするのですよ。いち、にい、さん。さあ、やってみましょう。

——いいえ、できません。この新しいダンスのステップは難しすぎます。

そんなことはない。できますよ。あなたは、ダンス・バンドのドラマーなんでしょ？

——はい、でも踊るとなれば不器用なもので。

左足と比較すると、右足を利き足とする人の方が断然に多い。「両方とも左足である」とは、ともに利き足でないということ。1800 年代中頃からの「不器用な」を意味する be born with two left hands and two left feet が直接の由来。Have two left feet としては 1910 年代から。

表か裏か

さあ、コイン・トスして決めようよ。

——いいよ、君が決めて。表にする裏にする？

表にしよう。

——それじゃ、表なら残りを君が払う。裏なら僕が払う。後腐れなしだよ。

1600 年代末から。ここで heads とは「（硬貨の）表面」のこと。王、女王、あるいは大統領などの頭像が描かれている。裏側は tails と呼ばれる。なお Heads I win, tails you lose.（表なら俺の勝ち、裏ならお前の負けだ）という、いかさま表現が 1800 年代中頃からある。

Hear about something through the grapevine

Guess what?

> It's about Betty, isn't it? She is getting married to Bill, isn't she?

How could you have known that?

> Well, I think I **heard about it through the grapevine**. But I never saw it coming.

Hide one's light under a bushel

I saw Mary at the party.

> How was she? She was much the same as ever, wasn't she?

You guessed right. She talked and talked so proudly about herself.

> She certainly doesn't **hide her light under a bushel**.

Hindsight is twenty-twenty

Looking back, I made the wrong choice.

> About what?

About my having left my former company. I'd be the company president by now.

> Well, **hindsight is twenty-twenty**.

Hit one's stride

Have you finished your essay?

> No, it can wait.

Well, it's due tomorrow, isn't it?

> Don't worry. I can finish it in an hour if I **hit my stride**.

～を噂できく

あのね。

　　――ベティのことだろ？やはり彼女はビルと結婚するんだ？

どうして知っていたんだい？

　　――何となく聞いたような気がするよ。でもそうなるとは夢にも思わなかったよ。

アメリカでは、電報（telegraph）は初期の頃 grapevine telegraph と呼ばれた。電線が絡み合い、ぶどうの枝（grapevine）に似ていたからだ。南北戦争中、電報で誤報がよく伝えられたので、grapevine が「当てにならない噂」として使われ始めた。1800年代末から。

謙遜して才能を隠す

メアリーにパーティーで会ったよ。

　　――どうだった彼女？いつもと変わらないだろ？

その通りさ。自分のことを、誇らしげに話すわ、話すわ。

　　――本当に、控えて話すことを知らないんだから。

Bushel（穀物の計量単位で約35ℓ）は、ここでは「1 bushel 升」。新約聖書「マタイによる福音書」（5:15）「light（あかり）をつけて、それを升の下におく者はいない。むしろ燭台の上において、家の中のすべてのものを照させるのである」から。「控えめにする」の意味で1600年代の前半から。

後で言うのは簡単

振り返ってみると、私は間違った選択をしたよ。

　　――何のこと？

以前に勤めていた会社を辞めたことさ。今頃は、社長になっていたよ。

　　――そうかな。後でなら何とでも言えるよ。

Hindsight は「後知恵」、つまり実際に事が起こってから気付くこと。20/20（twenty-twentyと読む）はアメリカの視力の指標に基づく「正常な視力」のことで、日本の視力の1.0に相当する。転じて「実際に何かが起こってから解釈するのは誰にでもできる」という意味で1940年代から。

いつもの調子を出す

レポートは終わったの？

　　――いいえ、急を要すわけでもないし。

でも、明日まででしょう？

　　――心配しなくていいよ。その気になれば、1時間で完成できるよ。

Stride は、ここではゆっくりした出だしの後の「通常の進行速度」のことで、乗馬の場面から。Hit は「～の程度に達する」の意味。イギリスでは get into one's stride が使われる。Strideのこのような使われ方は1800年代の後半から。

Hit the hay [sack]

It's getting late. Why not turn off the TV and **hit the hay**?

> It's only ten, Daddy.

Oh no. Did you forget? Or maybe Santa will be flying past you tomorrow night?

> Okay. Good night, Daddy.

Hit the nail on the head

Teach me a good joke. I want to tell it at the party.

> The Wright Brothers invented the airplane, right? Then, who didn't invent the airplane?

I got it. The Wrong Brothers.

> You **hit the nail on the head**.

Hold your horses!

I could have sworn he was at home already. Where did he go?

> He wasn't in the backyard either.

Shall we call the police?

> **Hold your horses**! Let me check upstairs. He may be sleeping there.

Hot potato, a

None of the candidates has the nerve.

> The nerve?

Well, they don't even go near the gun-control issue.

> Of course not. It's too much of **a** political **hot potato**.

就寝する

遅いよ。テレビを消して寝たら。

　　──まだ９時だよ、パパ。

ダメ。忘れた？でないと、明日の夜はサンタさんは来ないかもしれないよ。

　　──分かった。お休み、パパ。

1900 年代に入る頃まで、hay（干し草）を入れた sack（袋）を、敷布団としてベッドに上に敷いて寝ていた。就寝する前にはこれを hit（たたき）、寝心地がよくなるよう形を整え、また中に変な虫がいないのを確かめた。1900 年代の初めから。

ズバリ、正解を言う

おもしろい冗談話を教えてくれないか。パーティーで言いたいんだけど。

　　──飛行機を発明したのはライト兄弟だよね。では、誰が飛行機を発明しなかった？

分かった。「間違い兄弟」。

　　──まさにそうだよ。

もともとラテン語には、これに似た表現があり、英語では 1500 年代の初めから使われている。金づちで nail（釘）を木に hit（打ちこむ）時、正確に釘の head（頭）を外さないように打つと、うまくいくが、外せば釘が曲がったりして、うまく打てない。

お待ちなさい！

もう家に帰って来ているはずだと思ったのに。どこへ行ったんでしょう？

　　──裏庭にもいなかったぞ。

警察に電話しましょうか？

　　──待って！２階を調べよう。寝てるのかも知れないぞ。

もともと「手綱を引いて、はやる馬を抑えなさい！」という意味。それが、興奮する人や勇み立つ人に対しても「落ち着きなさい！」「待ちなさい！」として用いられるようになった。1800 年代の前半から。1900 年代からイギリスでも一般化した。

誰も扱いたくない問題

どの候補者も、根性がないね。

　　──根性って？

だって、誰も銃規制の問題には、触れようとさえしないからさ。

　　──もちろんそうだよ。あまりに政治的に扱いたくない問題だからね。

焼きたてのジャガイモは熱くて持てない。1800 年代前半からの表現 drop 〜 like a hot potato（〜から手を引く）が直接の由来。A hot potato だけでは 1950 年代から。1910 年代から同じ名前の遊び（ボールを順番に回し、合図の時に持っている人が負け）があるのも事実。

Icing on the cake, the

Did you see Jiro win the 400-meter race?

> Yes, that was awesome, and he came from behind to win in the last stretch.

Not only that, but he set the new world record.

> Oh yes, that was **the icing on the cake** for him.

If the shoe fits, wear it.

What did the boss say this morning?

> She said some of us don't seem to pay enough attention to our work.

Did she mention names?

> No. All she said was, "**If the shoe fits, wear it.**"

In [on] the cards

Looks like the governor will be in serious trouble with the police.

> Do you mean the drugs scandal the press dug up?

Oh yes. What do you think?

> It's not **in the cards** that he will serve out his term.

In a goldfish bowl

I've had enough.

> Enough of what?

Well, it's like being **in a goldfish bowl** living here. There is no privacy.

> You know, you will have to live with it in this small town.

もっと素晴らしいこと

ジローが 400m 走で、勝ったのを見たかい？

——ええ、すごかったね。最後の直線での逆転優勝だったね。

それだけではないんだよ。世界記録を打ち立てたんだ。

——そうだね、彼にとっては、さらに素晴らしいことだね。

Icing（アイシング）は、ケーキなどの表面に塗って見栄えをよくさせるもの。卵白、砂糖、レモン汁で作られ、薄い氷が張っているように見える。「さらに立派なこと」という意味で 1800 年代の終わり頃から。「つけ足し」「おまけ」として使うことも。

思いあたれば、自分のことだと思え

今朝、所長は何て言ったんだい？

——だれかさんは、仕事に真剣に取り組んでいないようだってね。

名前をあげたのか？

——あげなかったよ。思いあたるんだったら、自分のことだと思えと言っただけさ。

If the cap fits, wear it.（もし帽子が合うのなら、かぶりなさい）から。Cap は fool's cap（道化師の帽子）。中世、fool は貴族に仕え笑わせるのが仕事。道化師の冗談めいた理屈にも耳を傾けなさい、が原義。シンデレラの話との連想から shoe が使われた。1800 年代末から。

起こりそうである

知事は、警察と厄介なことになりそうだね。

——マスコミが暴露した麻薬のスキャンダルのことかい？

そうさ。どう思う？

——任期を最後まで務めるのは、むりだろうな。

ここでは cards は中世、イタリアで始まり、以降、ヨーロッパに広まった the tarot（タロット・カード）のこと。宗教画が描かれたこのカードを使って、現在でも占いに用いられている。イディオムとしては 1800 年代の初期から。Out of the cards は「起こりそうにない」。

プライバシーのない状態で

もううんざりだよ。

——何が、もううんざりなんだ？

あのね、ここで暮らしているとプライバシーなんて、あったもんじゃない。

——いいかね、こんな小さな町に住んでいるんだから、仕方ないね。

Goldfish bowl（金魚鉢）で飼われている金魚は、常に回りから様子を見られながら暮らす。かつては、反対側からすべてが見通せる鏡がある警察の取り調べ室のこと。「ガラス張りの窮屈な状態」を意味するのは 1900 年代の半ばから。

In black and white

Is this refundable if I'm not satisfied?

Oh yes, definitely.

Where is your return and exchange policy?

Here. It's **in black and white** on the back of the receipt.

In La-La land

Who would have dreamed that such a big earthquake would hit the area?

Actually, he had been warning us about it for ages.

And no one would listen to him?

No. They thought he was being unrealistic and was living **in la-la land**.

In someone's book

It looks like my alarm clock stops sometimes.

Oh, the one you said you just got recently?

That's right. It's only a month old.

Well, **in my book** you should ask for a new one or a refund.

In spades

May I help you?

I'm looking for a Valentine bouquet.

Come right over here and see what we have.

Wow. You seem to have them **in spades**. In all shapes and sizes.

はっきりとしている

もし、満足できなかったら返金していただけますか？

　　──はい、もちろんできます。

返金や交換のことについては、どこに書いていますか？

　　──ここです。レシートの裏にはっきりと書かれていますよ。

Black は黒色の印字で white は白い紙のこと。つまり、取り決めごとが印刷され「（今までの不確実なものが）明文化された」「公式見解である」の意味。1500 年代の後半より。シェークスピアの喜劇『から騒ぎ』（1600 年）の第 5 幕第 1 場にも類例が見られる。

現実離れした

大きな地震がその地域に来るなんて、だれも夢にも思わなかったよね。

　　──でもね、彼は私たちに、長い間、それには警告し続けていたんだよ。

で、誰も彼には耳を貸そうとしなかったの？

　　──だれもね。現実離れしていて、まともでないと思われていたのさ。

Los Angeles を LA と呼ぶが、La-La land（La-La の土地）とは、この街のこと。ユーモアを交え「現実離れした世界」を意味するのは 1980 年代より。E. ストーン主演の映画『La La Land』（2016 年）のロケが行われたのは、まさに LA。

～の意見では

私の目覚まし時計が、時々止まるようなんだけどね。

　　──えっ、最近、買ったと言ってた物？

そう。まだ買って 1 か月なのよ。

　　──そうだね。新しいのに替えてもらうか、返金してもらったらどうなの。

ここでは book は個人的な情報や、これまでの大事な記録を書き込んだ備忘録のようなもの。1934 年、New York Times 誌には、It was a home run in anybody's book.（誰が見ても本塁打だった）がある。文頭や文尾で使われ 1900 年代中頃から。In ～ 's opinion も同じ意味。

確かに

いらっしゃいませ。

　　──バレンタインの花束が欲しいんですが。

こちらに来て、ご覧になってください。

　　──わっ。たくさんあるんですね。いろいろな大きさと形の物が。

ここでの spade はトランプの「スペード」のこと。ブリッジやポーカーではスペードが最強で、続いてハート、ダイヤ、クラブの順にランク付けされている。♠はイタリア語の spada（剣）を図案化したもので、王侯、貴族の象徴。表現として 1920 年代から。語尾に付け加えて用いる。

In the bag

So, what are my chances of being hired?

It's not official, but...

Well, tell me, please.

You've almost got it **in the bag**. You are likely to get the job.

In the driver's seat

How is she getting along? Is she happy in her manager position?

Yes, she seems to be okay. There is nothing wrong with her, but...

But what? Oh, it's Jack again.

Right. He still thinks he is **in the driver's seat**, and it makes her mad sometimes.

In the limelight

You don't know who won the Academy Award for Best Actress this year, do you?

It's Emma Stone.

WHAT! You who never sees movies!

She's been very much **in the limelight** lately. Everybody knows it.

In the middle of nowhere

Our car was stuck in the mud **in the middle of nowhere** the other day.

Where was that? You should have called me.

I tried to, but it was useless. We were out in the forest park.

Oh no! You must have been out of the range of cell service.

確実だ

で、私が雇ってもらえる確率は、どんなものかね?

——公式ではないんだが…

教えてくれよ。

——ほぼ確実だよ。君にやってもらうことになるよ。

Bag はここでは game bag、つまり狩猟で射止めた game（獲物）を入れて持ち帰る「袋」のこと。捕獲して一旦袋に入れるとこちらのもの。逃げられることはない。一般に、勝利や成功などが確かなものとなり「自分の手中にある」状態。1920 年代からアメリカで。

権力のある

彼女はどうしていますか? 課長のポストに満足していますか?

——そうですね、そんな感じです。彼女には何の問題もないんですが…

でも、何だね?あっ、また、ジャックですね。

——そう、まだ、自分が責任者だと思っていて。それで彼女は時々、怒るんですよ。

自家用車をはじめとして、多くの客を乗せて運ぶバスや列車などの運転手は、driver's seat（運転席）に座って乗物を自由に操作する。「運転席にいる」が、転じて「責任のある」という意味で使われ始めたのは 1940 年代以降。もとは荷物や客を運ぶ、馬車の御者のイメージ。

脚光を浴びている

今年のアカデミー賞の主演女優賞を、誰が取ったか知らないよね?

——エマ・ストーンだろ。

えっ。映画なんて、絶対に見ない君が!

——でも最近、よくマスコミが取りあげているよ。誰でも知っているさ。

電気もない 1820 年代、lime（石灰）に高熱の酸水素炎を吹き付けることで、light（あかり）を得ることが発明された。これが舞台用の照明に応用されたのが由来。この技術は南北戦争中、北軍の夜間砲撃にも使われたという。「注目の的」の意味では 1800 年代中頃から。

周辺に何もないところ

先日、回りには何もないところで、車がぬかるみにはまってね。

——どこだったんだ、それは。電話してくれれば、よかったのに。

したんだけど、使い物にならなかったよ。森林公園のなかだったので。

——えっ、きっと電波の届かないところだったんだな。

Nowhere はここでは名詞で「名もない何の取得もないところ」の意味。そのような場所の middle（真ん中）だから、ガスや水道や電気もなく、人の住んでいる様子もない。「人里離れ、回りにも何もないところ」の意味で 1910 年代から。冗談っぽく使うことも。

In the pipeline

The secretary had a slip of the tongue yesterday.

> What did he say?

He said another tax hike is already **in the pipeline**.

> That explains it. Market prices have been low since this morning.

In the same boat

That was a bad earthquake, wasn't it? Are you all right over there?

> We are all right. We are staying in an evacuation center. How about you?

Our house fell down, and we are **in the same boat** as you.

> Okay, let's hope for the best.

In two shakes (of a lamb's tail)

Have you got a minute?

> Just a moment. I need to make a phone call.

Okay. Take your time. There's no rush.

> Thanks. I'll be with you **in two shakes of a lamb's tail**.

Ins and outs, the

Let's hire him to succeed to the position.

> I couldn't agree more. He seems to know all **the ins and outs** of the field.

Yes, he's a real professional if you ask me.

> Okay, that's one down, two to go. What's next on the agenda?

計画されている

昨日、大臣がうっかりと口を滑らせてしまったよ。

　　──何を言ったんだい？

増税がまた計画されていると言ったんだ。

　　──なるほど。それで、今朝から相場が低迷しているんだな。

原油や天然ガスの輸送手段としての pipeline（パイプライン）の建設は、1800 年代の中頃に始まった。大きな事業を前にしてパイプラインの敷設の考えがまとまると、いよいよその計画は現実味を持つことになる。「完成まぢか」「計画中」を意味するイディオムとしては 1940 年代より。

同じ厳しい境遇にある

あれはひどい地震だったね。そちらは、大丈夫か？

　　──大丈夫だ。避難所にいるよ。そちらはどうだ？

家が倒壊して、私たちも同じような厳しい状況なんだ。

　　──そうか、くよくよしないでやって行こうよ。

大洋を航海する船は、常に危険と隣り合わせ。いつ転覆したり、海賊に襲われるかもしれない。そうなれば乗り合わせた人は、運命を共にすることになる。In a [one] boat ともいう。1600 年代から。なお sail [row] in the same boat は「協調する」の意味で 1800 年代初めから。

すぐに

少し時間をいただける？

　　──ちょっと待って。かけないといけない電話があって。

いいよ。ゆっくりして。急がないから。

　　──ありがとう。すぐに戻ってくるから。

In two [three] shakes of a lamb's [sheep's] tail（子羊［羊］が尾っぽを二［三］振りするうちに）の表現は 1800 年代の初めからある。昔から、羊毛、羊肉、羊皮のため羊が広く家畜化されてきた文化背景ならではの表現。Shake は「瞬時の動作」のニュアンス。

詳しいこと

彼を雇って、そのポストを継いでもらおう。

　　──大賛成ですね。その分野については知り尽くしているようだし。

そうですね。私に言わせれば、ほんとの専門家ですよ。

　　──それで、1 件は落着。あと 2 件ですね。次の議題は何ですか。

In（内側へ）out（外側へ）と、くねくねと曲がった道のことを an in-and-out road という。つまり ins and outs は、どこまでも複雑にカーブしている道路のことで、これが由来。「詳細」という比喩的な意味では 1600 年代の後半から。Know, learn, show などに続いて用いられる。

It doesn't take a rocket scientist to do something.

Hey, you are amazing.

What do you mean, I am amazing? I don't get it.

They decided on your new idea. How did you come up with it?

Quite by chance. **It didn't take a rocket scientist**.

It takes two to tango.

Did you see the fight in the baseball game last night?

I did. I couldn't believe the way the batter charged at the pitcher.

Because he almost got hit by the pitch.

Yes, but **it takes two to tango**. They are both to blame for it.

It's (a case of) the tail wagging the dog.

I hear your two grandchildren are staying with you.

Oh yes. It seems as if they have taken over our lives.

I know what you mean. I have been there.

You have? **It's the tail wagging the dog**. Everything has been turned upside down.

It's all Greek to me.

Could you turn the TV up a little bit? I can't hear what she is saying.

Sure! Now is it any better?

Oh, it's not Japanese she is speaking. No wonder I can't understand a word.

It's all Greek to me, too.

～するのは大したことではない

やあ、君、素晴らしいよ。

——何のことですか、私が素晴らしいって？分からないです。

君の新しいアイデアに決まったよ。どうしてそんなアイデアが浮かんだの？

——偶然ですよ。大したことでは、ありませんよ。

Rocket scientist は「ロケット科学者」で、すなわち「頭の切れる人」。「頭の切れる人を必要としない」が文字通りだが、「簡単なこと」「だれにでもできること」を意味するユーモラスな表現。イディオムとして一般的になったのは 2000 年に入ってから。

相手があっての話

昨晩、野球の試合での喧嘩を見たか？

——見たよ。バッターがピッチャーに殴り掛かって行ったけど、びっくりしたね。

もう少しでデッドボールを食らうところだったからだよ。

——うん。でもどっちもどっちだよ。2 人とも悪いよ。

♪Takes Two to Tango♪（1952 年）の一節 There are lots of things you can do alone! But takes two to tango.（1 人でやれることは多くあるが、タンゴは 2 人で踊るもの）が由来。つまり「（喧嘩や恋は）2 人でないとできない」の意味。1950 年代後半から。

主客転倒の状態

お孫さんが 2 人、遊びに来てるんだって。

——そうだよ。まるで、私らの生活を奪い去ったようだよ。

分かるよ。僕にも、同じ経験があるのでね。

——あっそう？2 人に振り回されているよ。何もかも、めちゃくちゃさ。

犬の tail（尾）が wag（揺り動く）のは、犬がそうしようとしているから。ここでは逆に、尾が犬を思い通りに動かせているというユーモア表現。転じて「力のない者が、力のある者を手玉にしている状態」「本末転倒のさま」のこと。1930 年代から。The tail is wagging the dog. など類例が多い。

ちんぷんかんぷん

もう少しテレビの音量を上げていただける？言ってることが聞こえないので。

——いいよ。さあ、これでどう？

あっ、喋っているのは日本語じゃないんだ。道理で、一言も分からないはずね。

——私も、全くちんぷんかんぷんだよ。

ギリシャ語は学ぶのが大変難しい言語。まず文字そのものが、ヨーロッパで広く使用されているアルファベット文字とは異なる。シェークスピア『ジュリアス・シーザー』（1599 年）（1 幕 2 場）でカスカがカシウスに …it was Greek to me. と答える場面がある。これがそもそもの始まり。

It's an ill wind.

How was she doing after she was rushed to the hospital?

Well, she was treated in intensive care for a week.

She must have had a tough time then.

Yes, but **it's an ill wind**. She married a doctor from that hospital.

コラム
Idiom

習慣などが由来のイディオム

掲載頁

Beat around the bush ···································· 24

Buck stops here, the ·································· 30

Burn the midnight oil ·································· 34

Busman's holiday, a ·································· 34

Canary in a coal mine, a ································ 40

Dog and pony show, a ································ 52

Draw the short straw ································ 56

Dress rehearsal, a ·································· 56

Eat humble pie ···································· 58

Fly by the seat of one's pants ························ 66

Get up on the wrong side of the bed ·················· 76

禍<ruby>のなかの幸い</ruby>

病院に運ばれた後、彼女はどうだった？

——1週間、集中治療を受けたよ。

きっと、辛かっただろうね。

——本当に。でも禍のなかの幸いと言うか、彼女、その病院の医者と結婚したよ。

1500年代の諺集にある It's an ill wind that blows nobody any good.（誰のためにもならないような風は吹かない）から。帆船は逆風のなかでもジグザグに進路を変えて、行きたい方向へ進むことができる。不都合なことに見えても、結果として有利に働くたとえ。

	掲載頁
Hit the hay [sack]	94
Hold your horses!	94
Keep one's fingers crossed	112
Low man on the totem pole, (the)	130
No picnic	142
Not hold a candle to someone	144
Not someone's cup of tea	146
Off the cuff	148
On one's soapbox	148
Pass the hat (around)	158
Shoot the breeze	184
Spill the beans	194
Turn the tables (on someone)	208
Wet blanket, a	218

J

Jazz something up

I don't like the looks of this office. It's not functional and looks boring.

> Maybe we should replace some of the furniture?

That's not enough. I want to have everything **jazzed up** with bright colors.

> That would be carrying it too far.

Jump on the bandwagon

Will you check the train times? I forgot my smartphone at home.

> Well, I don't have one.

Why not? Everyone is using them. Why not **jump on the bandwagon**?

> Well, I don't like to always have to worry about email.

Jump ship

I've just heard the news. The union failed to win a pay hike.

> Again? What do you think this will lead to?

I fear some workers will be **jumping ship** for a better paying job.

> That is the last thing I want them to do.

Jump the shark

That soap opera is losing popularity.

> They have changed the time slot. That's why.

Well, besides that, I think it is getting boring.

> Anyway, it is clearly **jumping the shark**.

～を活気付ける

このオフィスの見た感じは、気に入らないね。機能的でないし、ぱっとしないよ。

　　──じゃ、何だったら机や椅子を取り換えましょうか？

それだけでは足りないね。全部、明るい色にして、素敵な感じにしたいね。

　　──それはやり過ぎですよ。

1900 年頃、ニューオリンズで生まれ、その後シカゴで jazz と名づけられた音楽に由来。力強いリズムと自由な演奏形態が、この音楽の特徴。「華々しい感じにする」という意味で 1910 年代から。Jazz そのものの語源については定説はないようだ。

流行に乗る

電車の時刻を調べてくれない？ スマホを家に忘れて来たんだ。

　　──あの、僕は持っていないんだよ。

どうして？みんな持っているよ。時流に乗らないとね。

　　──いつもメールを気にしないといけないのが嫌でね。

昔、アメリカでは選挙の候補者は、演奏する band（楽団）と共に bandwagon と呼ばれた wagon（馬車）に乗って遊説した。候補者に賛同する者は、これに jump on（飛び乗り）応援したという。「優勢な側に付く」「時流に乗る」という意味で 1800 年中頃から。

仕事を辞める

ちょうど聞いたところだけど、組合は昇給を勝ち取れなかったんだよ。

　　──またかね？ どういうことになると思う？

辞めて給料のよい仕事に移る人も、出てくるんじゃないかな。

　　──そんなことは、してもらいたくないね。

もともと jump ship とは船員が契約を履行しないで、突然、船を去ることを意味した。1900 年代に入り、比喩的に「何の前触れもなく組織を去る」「途中で仕事を投げだす」の意味で、「鞍替えするために」というニュアンスを伴う。

質が落ちる

あのテレビのドラマ番組、人気が低迷しているよ。

　　──時間の枠が変わっただろ。それだよ原因は。

それもあるしね、つまらなくもなっているし。

　　──まあ、はっきりと落ち目だね。

アメリカで 1974 年から 10 年ほど続いたコメディ番組『Happy Days』（日本では『ハッピー・デイズ』で放映）のなかで、登場人物が水上スキーでサメを飛び越えて以来、人気が低迷したことに由来。「質や人気が落ちる」という意味で 1990 年代の後半から。

Jury is (still) out, the

Have they reached any kind of agreement?

> I am afraid not.

So what **is the jury still out** on ?

> On which side to take on the initiative.

Just what the doctor ordered

How did you spend your vacation? Did you go anywhere?

> We went to Hawaii.

Great! Did you have a good time?

> Oh yes. It was **just what the doctor ordered**. We returned feeling refreshed.

未決定の

双方は何らかの合意に達したのかね？

——残念ながら、達していないです。

じゃ、何に関して未決定なのかね？

——ええ、どちらがイニシアチブを取るかに関してですよ。

かつて、陪審員裁判では jury（陪審員）が評決をする時は、一旦、法廷を出て協議し、再び入廷して最終的な評決をしたという。「（問題が）未解決のままで」の意味としては 1800 年代の終わりから。陪審制度の歴史が古いお国柄の表現。

おあつらえ向きのもの

休暇をどうして過ごしましたか？どこかへ行きましたか？

——ハワイへ行ってきました。

いいですね。楽しかったですか？

——ええ。最高でした。本当にさわやかな気分で帰ってきました。

ここでは order は「命令する」でなく「医者が患者に〜を指示する」こと。表現としては「（医者が指示するような）ある状況を改善するための最善策」という意味で 1910 年代から。Doctor に代わり vet（獣医）や professor（大学教員）などを使うこともある。

Keep one's eyes peeled

Here's a trick I just learned in magic class. **Keep your eyes peeled**.

> Okay, Dad. Go ahead. I'm all eyes.

Here's an apple. Count one, two, three. Hey, presto, and it's gone.

> That's great!

Keep one's fingers crossed

How did your job interview go, Lisa?

> I hope I did well, but who knows how it will turn out?

How long will it be before you hear from them?

> A couple of days. **Keep your fingers crossed** for me!

Keep one's nose to the grindstone

When are you taking the examination?

> On September 20. It's only two weeks away.

How is the preparation going? Is it going well?

> Yes, I've been **keeping my nose to the grindstone**. If I fail, my future plans will not work out.

Keep something under one's hat

I overheard the teacher say we would have a pop quiz.

> Is it from our reading assignment?

I suppose so, but I didn't catch it exactly.

> Let's **keep it under our hat**, okay?

しっかり目を見開く

奇術教室で教わった手品だよ。よく見ておいて。

　　　——いいよ、お父さん。さあ、やって。しっかりと見てるから。

ここにあるのは林檎だよ。チチンプイプイのプイ。ほれ、なくなった。

　　　——すごい！

Peel は「（皮や膜などを）取りはがす」ことなので「目を保護しているまぶたを開けた状態にしておく」が文字通り。比喩的に「（〜を）必死に探す（for 〜）」、例文のように命令文で「しっかりと見ていなさい」として 1800 年代の中頃から。Keep one's eyes skinned. とも。

幸運を祈る

リサ、就職の面接はどうだった？

　　　——うまく行ったと思うんだけど、どうなるかは誰も分からないしね。

連絡があるのはいつなの？

　　　——2、3 日中だよ。幸運を祈っておいてね。

「指を交差させておく」が文字通り。もともと十字を切ることは禍を遠ざける仕草。これを中指を人差し指に重ねて表現するのは、アフリカ系アメリカ人の迷信が起源とされる。イディオムとして「幸運を祈る」を意味するのは 1900 年初めから。

（いやでも）頑張って仕事する

試験は、いつ受けるんですか？

　　　——9 月 20 日ですので、ほんの 2 週間後です。

準備はどうですか？うまく行っていますか？

　　　——はい、頑張っていますよ。失敗したら計画が台なしになりますしね。

Grindstone は「回転式の丸型砥石」で、金属を研磨するのに用いる。研磨工は身をかがめ、両手でしっかりと材料を固定し、出来具合を確かめながら作業を進める。これを「nose（鼻）を砥石に付けておく」と表現している。「一心不乱に仕事する」という意味で 1500 年代から。

〜の胸にしまっておく

あのね、先生が言ってたのを聞いたのよ。抜き打ちテストがあるらしいよ。

　　　——リーディングの課題からかな？

だと思うんだけど、それは正確には聞き取れなかったよ。

　　　——これは、内緒にしておこうよ。

「Hat（帽子）の下にしまっておく」とは、「内密にしておく」の比喩的な表現で 1800 年代の終わりから。第 2 次世界大戦中イギリスには、Ware Spies！（スパイに用心）Keep it under your hat. というポスターがあり、国民に情報の漏洩についての注意を喚起した。

Keep the wolf from the door

It looks like property taxes are going up again.

> This is the second time in two years, isn't it?

Yes. Things could be worse for us.

> We might have to sell our house to **keep the wolf from the door**.

Keep up with the Joneses

He bought another car last week.

> That makes three, doesn't it? What does he need them for?

He just wants what his neighbors have.

> Well, yes. It looks like he is trying to **keep up with the Joneses**.

Kick the bucket

Here's a list of things I want to do after I retire.

> Have you set any time limit for that?

Before I **kick the bucket**.

> Ha, ha. What's at the top of the list?

Kick the can down the road

He didn't even try to address the problem.

> Well, he could have done it.

It seemed as if he was trying to **kick the can down the road**.

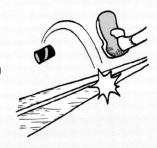

> He is. He is waiting for his term to be over and doesn't want to do anything.

どうにかこうにか生計を立てる

不動産税がまた上がりそうだ。

——この２年で２回目だろ？

そうだ。私たちにとって、状況はますます、やっかいになりそうだな。

——そうなったら、家を売って、ぎりぎりの生活をしなくてはならないかもね。

古くから、wolf（狼）は貪欲や策略だけでなく、このイディオムのように飢餓や貧困の象徴としても使われる。文字通りなら「狼を戸口から遠ざけておく」だが、一般に「（食べ物に事欠かない程度に）生計を立てる」という意味で使われる。1700 年代の中頃から。

隣近所と張り合う

彼は、先週、また自動車を買ったんだね。

——これで、３台だね。何に必要なのかな？

近所の人が持ってる物を欲しいだけさ。

——そうだね。彼は、ご近所さんと張り合おうとしているだけなんだよ。

1913 年に始まった「ジョーンズ一家と張り合う」を意味する『Keep up with the Joneses』という新聞の連載漫画に由来する。高級住宅街を舞台に、隣近所との見栄の張り合いをテーマとして 1941 年まで続いた。2016 年には同名の映画も制作された。

（ユーモアをまじえて）死ぬ

これが退職してから、したいと思っていることの一覧表だよ。

——いつまで、という期限はあるのかね？

死ぬまでだよ。

——ははは。その表の１番最初にあるのは何かね。

Bucket は 1600 年頃、イギリスでは（ノーフォーク地方ではいまでも）「梁（はり）」を意味し、食用の豚を足から吊すこともあった。これが豚の足が梁を kick（蹴る）ように見えた。また首を吊るなら bucket（バケツ）の上に立ち、これを蹴りとばすと簡単なので、とする説も。1700 年代後半から。

先延ばしにする

彼は、その問題に取り組もうともしなかったんだ。

——しようと思えば、できたのにね。

まるで先延ばしにしようと、しているみたいだったよ。

——実際そうなんだ。任期が終わるのを待っているだけで、何もしたくないのさ。

「缶を道路の向こうへ蹴る」が文字通り。1930 年代、アメリカには kick-the-can という子どもの遊びがあった。解決すべき問題を先に延引することのたとえ。政治家についていうことが多い。1980 年代から。新聞、雑誌のほかテレビ、ラジオなどのメディアが使い始めた。

K

Kick the tires

I hear they will go over the books.

> When will that be? Next week?

Yes. Aren't you nervous?

> No. They will just **kick the tires**.

Kick up one's heels

Did you go to the class reunion last weekend?

> I did. We got together for the first time in twenty years.

How was it?

> Great! Everyone was **kicking up their heels** singing and dancing to the band.

Knee-jerk reaction, a

So you are the one that helped the child out of the fire?

> Yes, I was just passing by, saw the smoke, and heard the kid crying.

Were you afraid of going into the fire?

> Well, I just jumped in. It was just a **knee-jerk reaction**.

Knight in shining armor, a

Cathy is really doing a good job, isn't she?

> Oh yes. I don't know what would be happening without her.

Yes, she is like **a knight in shining armor** for us.

> To be fair, I never dreamed we'd find anyone like her.

簡単な確認をする

帳簿の調査があるようだよ。

　　——いつなんだ。来週かね？

そうだよ。心配じゃないのかい？

　　——ああ、心配じゃないよ。形だけの確認があるだけだから。

自動車にガタはないのか、あるいは tire（タイヤ）の交換後、不具合はないのか。これらを確かめるために「タイヤを足で蹴る」ことはある。比喩的に「（形式的に）確認する」の意味で 1960 年代から。また、物を使ったり買ったりする前に、「（質や状態を）確かめる」としても。

大はしゃぎする

先週末の同窓会へは行ったの？

　　——行ったよ。20 年ぶりに会ったんだ。

どうだったの？

　　——すごかったよ。みんな、バンドに合わせて歌ったり踊ったりの大騒ぎだったよ。

放たれた馬は heels（後ろ足）を kick（蹴り上げる）ようにして野原を駆け巡る。あるいはダンサーが heels（かかと）を蹴り上げ一心に踊っている様子から。1600 年頃には「死ぬ」として使われたが、「大はしゃぎする」という意味では 1700 年代の初めから。

反射的な反応

それで、あなたは火事から子どもさんを救った方ですね？

　　——ええ、ちょうど通りかかると、煙が見えて。で、子どもの泣き声がしたんです。

火の中に入るのは、怖くなかったですか？

　　——ええ、ただ飛び込みました。とっさのことでした。

Knee は「膝」、jerk は「（筋肉の）反射運動」のこと。膝のすぐ下の腱を軽くたたくと、足が反射運動を起こし、膝下の部分が持ち上がる。これを knee-jerk reaction（膝蓋腱（しつがいけん）反射）というが、イディオムとしては「反射的な反応」の意味。1970 年代から。

（突然現れて）助けてくれる人

キャシーの働きぶりは素晴らしいですね？

　　——ほんとね。彼女がいなかったら、どうなっていたか分かりませんね。

はい。私たちのために、よく助けを申し出てくれたものだよ。

　　——ほんとに、彼女のような人が現れるとは、夢にも思わなかったよ。

Shining armor（きらきら輝く甲冑）をつけた knight（騎士）が突然、白馬に乗って現れ、困っている女性を救い出す。これは中世の物語のよくある場面。「（突然現れ）助けてくれる人」として 1960 年代から。White knight も同じ意味（1600 年代から）。

Knock someone's socks off

This elevator is going up very fast. Are we almost at the top floor?

> Almost there...Here we are. Let's get out!

Yes, let's. Oh, what a view! I didn't expect this.

> See, I told you. It really **knocks your socks off**, doesn't it?

Know one's onions

My computer has stopped working again.

> Why don't you ask Jane to help you?

Oh, is she the woman that has just started working upstairs?

> Yes. She attended the computer school and really **knows her onions**.

Know the ropes

Are you sure what you are doing is right? The last time, you broke the clock.

> The last time was the last time. This time, I think I can do it.

We would rather ask someone else to fix it.

> Don't worry. I **know the ropes** for handling this.

Know which side of the bread is buttered

Mary seems to be perfectly willing to obey her boss.

> It's not out of respect, I suppose.

I guess you are right. She **knows which side of the bread is buttered**.

> Of course. The boss is a man of some influence.

～を感激させる

このエレベーターは高速で上昇していますね。もうそろそろ、最上階ですか？

——もう少しですよ…さあ着きましたよ。出ましょう。

そうしましょう。わー、何という景色でしょう。思ってもいませんでしたよ。

——私が言った通りでしょう。本当に、圧倒されるでしょ。

殴打された衝撃で socks（靴下）が脱げてしまったイメージ。理屈としては、その前に靴が脱げるほど、強打されているはずだが、これは言葉のあや。Knock と socks のほうが韻を踏み言いやすい。「ワクワクさせる」「はっとさせる」という意味で 1800 年代の中頃から。

特定のことについてよく知っている

私のコンピュータがまた、フリーズしてしまった。

——ジェーンに頼んで、助けてもらったら。

上の階で働き始めた女性のこと？

——そう。コンピュータの学校へ行っていたので、お手のものよ。

アメリカで 1800 年代末には not know an onion from a cabbage［turnip］（玉ねぎとキャベツ［かぶ］の区別も分からない）が、「何も知らない」という比喩的な意味で用いられていて、これが由来となったとする説があるが、詳しいいわれは不明。1900 年代に入ってから。

コツを心得ている

あなた、していること、それで間違いないの？前回は時計を壊したでしょ。

——前回は前回。今回はできるよ、大丈夫。

でもそれより誰かに、修理を頼みましょうよ。

——心配はご無用。この扱いはちゃんと分かっているから。

帆船を航行させるためには、帆を張ったり、たたんだりするなど、複雑な ropes（綱）の操作を習得しなければならない。でないと船員は一人前にはなれない。The ropes が一般的に、「作業するコツ」の意味で使われるのは 1800 年代初頭からで、learn the ropes などの表現も。

利益になることを知っている

メアリーは社長には何から何まで従っているようだね。

——尊敬しているからではないと思うよ。

その通りだと思うよ。彼女は自分の損得になることをよく知っているのさ。

——そうともさ。社長はね、有力者だからね。

トーストした bread（パン）は、一方の側（side）にだけバターを塗って食べる。もちろんおいしい味がするのはその側。1500 年代に出版された諺集には I know on which side my bread is buttered.（私は何が自分の利益になるか知っている）がある。類例が多い。

Labor of love, a

Why don't you quit your present job?

> No, I won't. I find it very worthwhile.

Well, it's not bringing in enough money, is it?

> Stupid! It is not money I'm working for. It's **a labor of love** for me.

Last straw, the

Our boss asked me to take the minutes of the meeting.

> And you said yes?

Yes, but I should have said no. That's **the last straw**. I already have too many things to do.

> Let me take some of the load off.

Laundry list of something, a

Looking back, she became a pop icon in the 1980s. There's no doubt about it.

> What makes you so sure?

Well, there is **a laundry list** of reasons.

> Tell me some of them one by one.

Lay an egg

Did you watch the live singing show last evening?

> No, I didn't. Did anything happen on stage?

Oh yes. The singer **laid an egg**. He slipped and fell down.

> Now I remember someone saying something like that on the bus.

好きでする仕事

今の仕事を止めたらどうなんだ。

——いいえ、止めないよ。とても、やりがいがあるんだよ。

ねえ、大したお金も入って来ないじゃないか？

——ばかな！お金のためじゃないよ、働いているのは。好きでしてることだよ。

新約聖書「テサロニケ人への第一の手紙」（1:3）「あなたがたの信仰の働きと、愛の労苦（labor of love）」が直接の由来。なお新約聖書「ヘブル人への手紙」（6:10）にも同様の記述があり、どちらも神に仕える仕事がいかに崇高かを説く部分。1600年頃より。

これ以上はむり

上司から会議の議事録を書くように頼まれてね。

——はい、と言ったのか？

うん、でも断るべきだった。これで限界。すでにすることがいっぱいで。

——ちょっと手伝ってやろう。

1800年代中頃からの諺 It's the last straw that breaks the camel's back.（らくだの背骨を折るのも最後のわら）から。重い荷物を運ぶらくだでも、もうこれ以上積まれると動けなくなるのが「最後のわら」。さらに古くは straw でなく feather（羽）が使われた。

一連の〜

思い返すと彼女は1980年代のポップス界の代表だったよね、間違いないよ。

——なぜ、そう自信を持って言えるのですか。

多くの理由があります。

——それらを1つずつ、教えてください。

文字通りなら「laundry（洗濯物）のリスト」だが、今後の予定や、欲しいものなどを書いた「一覧表」を意味するようになり、1950年代から「一連の」「さまざまな」として使われるようになった。後に criticisms（非難）、reasons（理由）、proposals（提案）などが続く。

恥さらしな失敗をする

昨晩、ライブの歌謡ショーを見ましたか？

——いいえ。舞台で何か起こったのですか？

ええ。歌手が失態を演じたんです。滑って、ばったり倒れて…

——そう言えば、バスで誰かが、そのようなことを言っていたのを思い出しました。

Lay an egg は通常「卵を産む」の意味。卵は丸く数字のゼロを連想させる。イギリスでは duck's egg（かもの卵）はクリケットでのゼロ点を、またアメリカでは goose egg（がちょうの卵）は野球でのゼロ点を指す。どちらも、ゼロ点しか取れないことは「恥さらしなこと」。1920年代から。

Lead someone down [up] the garden path

I'm a bit nervous about living in the city alone.

Don't let anyone **lead you up the garden path**.

I won't. I'll be careful.

And stay away from a smooth talker, right.

Leave no stone unturned

Captain! The suspect finally admitted what he did.

Good job! Now we have to get something that supports his confession.

Where do we start?

Let's collect further material evidence. **Leave no stone unturned**.

Leopard can't change its spots, a

She is always looking after number one.

Oh yes. She is so selfish and thoughtless.

Has she been like that for a long time?

Yes. Who **can make a leopard change its spots**?

Let one's hair down

We've worked very hard, right?

Yes, we really have.

Let's get inside and **let our hair down**. There are some cans of beer in the fridge.

Good idea.

言葉巧みに〜をだます

街で1人住まいするのに、少し不安でね。

——人にだまされないようにね。

分かったよ。注意するから。

——甘い話で近寄って来る人は避けないと。いい。

1900年代から。「Garden path（庭園の小道）へ連れて行く」、つまり下心があり魅惑的な所へ誘うイメージ。シェークスピア『ハムレット』（1603年）（1場2幕）のprimrose path（桜草の小道）は「安楽だが危険な道」の意味。Lead 〜 up the primrose path は1800年代後半から。

できるだけの手段をつくす

警部、容疑者はやっと、自分のしたことを認めました。

——よくやった。さあ、自白の裏を取れる物が必要だな。

どこから始めましょう？

——もっと物的証拠を集めよう。万全を尽くすように。

紀元前5世紀、古代ギリシャ王ポリュクラテスが、ペルシャ人の将軍マルドニオスが隠した宝を見つけた時の逸話から。ポリュクラテスが Move every stone.（あらゆる石を動かしなさい）と神から啓示され、やっと探すことができたという。1500年代から。

持って生まれたものは変えられない

彼女は、いつも自分のことばかり考えているね。

——まったく。利己的で他の人のことを考えないよね。

前からずっとあんなだったかな？

——そうだ。持って生まれたものを変えられる人なんて、いないよね。

旧約聖書「エレミヤ書」（13:23）「ひょうはその斑点を変えることができようか」から。シェークスピア『リチャードII世』（1597年）（1場1幕）に Lions make leopards tame.（ライオンはひょうを飼いならす）に続き but not change his spots. とある。1500年代から。類例は多い。

くつろぐ

本当によく働いたよね。

——ほんとだね。

中へ入って、くつろぐことにしよう。冷蔵庫には缶ビールがあるよ。

——いいね。

1800年代から、女性が外出する時、長い髪をピンで留めることが習わしになった。帰宅するとピンを取り、髪を下ろしてやっとリラックスできた。一般的に「仕事を終えてリラックスする」「打ち解け話をする」の意味で使われたのは1800年代の中頃から。

Let the cat out of the bag

I said I was planning a surprise party for Tom, right?

Yes, how many people will be coming?

You know what? Someone **let the cat out of the bag**.

Oh no! So that spoiled everything.

Like a bull in a china shop

I don't think he will be able to handle this delicate situation.

Why not?

Well, he is **like a bull in a china shop**. He could make things worse.

I don't think he is that bad. He is a quick thinker.

Like a headless chicken

What's her hurry?

Her small son happened to lock the front door from the inside.

She can open it from the outside. Why is she running **like a headless chicken**?

The key is inside. He doesn't know how to unlock it, and she left a pot cooking on the stove.

Like chicken scratches

He still doesn't know his nine times table.

He's just learning it.

And his handwriting is **like chicken scratches**.

Give him a break! He's only ten.

（うっかりと）秘密を漏らす

トムにサプライズ・パーティーをしてあげて驚かそうって、言ってたよね？

——言ってたよ。何人来るの？

あのね、誰かがうっかりと秘密を漏らしちゃってね。

——ええっ、それじゃ何もかも台なしね。

昔、イギリスでの話。子ブタと見せかけ cat（猫）を bag（袋）に入れて、市場で売った農夫がいた。客が中身を確かめようと袋を開けたとたん、猫が飛び出て悪事がばれたという。1700 年代中頃より。Buy a pig in a poke（中身を確かめずにで買う）も同じ逸話から（p.36 参照）。

不器用で繊細な気配りができない人

彼が、このデリケートな場面に対処できるとは思えないな。

——どうしてさ？

繊細な気配りなんてできないよ。事態をこじらせるかもしれないよ。

——そんなにひどいとは思わないよ。頭の回転は速いよ。

China shop（陶磁器を売る店）に迷いこんだ bull（雄牛）が、高価な磁器製品に次々にあたり壊している様子から。「不器用な」の意味で 1830 年代から。W. サッカレー『虚栄の市』（1848 年）に Such a bull in a china-shop I never saw.（あんな不器用な人は初めてだ）とある。

あたふたとしている

彼女は何をバタバタとしているんだい？

——幼い男の子がふとしたことで、入口の戸を内側から施錠してしまったの。

外から開けてあげればいいだけだろ。何をあたふたとしてるんだ？

——鍵は中なの。子どもは開け方が分からないし、鍋を火にかけたままなの。

鶏をさばくには、まず頭を切り落とす。しかし、その状態でもしばらくは足をばたつかせるので、放っておくと走り出すこともある。転じて「（パニックのあまり）何が何だか分からずバタバタする」の意味。1870 年代から。ほかに like a chicken with its head cut off などの例も。

みみずが這ったような

彼は、まだ（九九の）九の段が分かっていないんだな。

——いま、勉強しているところよ。

それに、字もみみずのような字じゃないか。

——大目に見てあげてよ。まだ、10 歳よ。

Chicken scratch は「chicken（鶏）が土の表面を（餌を探し求めて）足でかき回した後に残る scratch（ひっかいた跡）」の意味。それを判読できない筆跡にたとえている。1950 年代から。Crow tracks（カラスの足跡）も同じ意味。こちらは 1800 年代後半から。

Like shooting fish in a barrel

Will you help me set up my new machine? I can't seem to do it myself.

> Well, it's easy.

Is it? It looks very complicated.

> Oh no, just turn it on. It's **like shooting fish in a barrel**.

Like turkeys voting for Christmas

Are we going to sign the paper?

> Oh no. We couldn't possibly do that.

Why not? It's almost like a give and take, isn't it?

> Never! We'd be helpless. It would be **like turkeys voting for Christmas**.

Like water off a duck's back

His paper was strongly attacked by other scholars.

> For what?

For lack of evidence to back up his claims.

> But it seems the criticism is **like water off a duck's back**.

Lion's den, the

Call it crazy, but I am going to speak out at the meeting.

> In a hostile situation like that? That's like going into **the lion's den**.

Oh yes. I'm fully aware of it.

> Well, why don't you give it another thought?

大変簡単なこと

私の新しい機械をセットアップするのを手伝ってくれない？ 私ではむりみたい。

　　──ええっ、簡単よ。

でも、たいそう複雑そうなの。

　　──まさか。スタートボタンを押すだけよ。とても簡単よ。

Barrel は「樽」のこと。大海で泳ぐ魚に比べると、樽にいる魚を射ることなど「大変簡単なこと」。1900 年代初めから。Like rolling off a log（丸太を転がすような）、like taking candy from a baby（赤ちゃんからお菓子を取り上げるような）も同じ意味。

自分に不利な状況を受け入れる

書類にサインするつもりですか？

　　──いいや。そんなこと、できるわけないだろう。

どうしてできないんだい？ ギブ・アンド・テイクのようなものだろ？

　　──違うよ。そんなことしたら、おしまいだ。墓穴を掘るようなものさ。

1500 年代後半、北米に渡った人々は、turkey（七面鳥）を捕らえ飢えをしのいだ。以来、七面鳥は縁起物。クリスマスは七面鳥の料理で盛大に祝う。しかし、この鳥にとれば受難の季節。七面鳥はクリスマスの行事に賛成の vote（投票をする）わけがない。1970 年代より。

馬耳東風のようなもの

彼の論文はほかの学者から、さんざん突かれたよ。

　　──どうしてだい？

自分の主張を裏付ける証拠がないからだよ。

　　──でも、そんな批判も聞き流しているみたいだよ。

Duck's back（アヒルの背中）の羽には脂質が多く含まれていて、水は吸収されにくい。このため水滴はまっすぐに下に落ちる。ほかの人からの助言、警告、貴重な経験談などが、むだにされ、生かされない様子を、これになぞらえている。1800 年代初めから。

ライオンの巣穴

ばかげているかもしれないが、会議で思っていることをはっきりと言うよ。

　　──そんなに敵対的な状況でかね。「ライオンの巣穴」に入って行くのと同じだよ。

うん、それは充分に分かっているさ。

　　──考え直したら？

旧約聖書「ダニエル書」（6:13-23）から。預言者のダニエルは禁令にそむき、神への祈りを止めなかったため、ダリヨス王の命により lion's den（ライオンの巣穴）に入れられた。しかし神の加護を受け、ライオンには襲われなかった。「極めて不利な状況」として 1830 年代から。

L Lip service

I was surprised that the boss didn't support our plans at today's meeting.

> I was, too. Actually, he said that he was very happy the first time he saw them.

We seem to have gotten too excited too soon.

> Yes, he was just paying **lip service**.

Little bird told me, a

You've been looking very happy lately.

> Oh, have I?

Do I hear wedding bells for you? **A little bird told me!** Best wishes.

> Oh my, thank you. I didn't mean to keep it from you.

Lock, stock and barrel

Oh boy! What a change! There used to be a luxury mansion in there.

> Yes. The owner's business failed and so he let it go.

Then, was everything pulled down?

> Yes, indeed. **Lock, stock and barrel**.

Long shot, a

Is there any other practical option?

> No, I'm afraid not. That seems to be our only way out.

But even if we take it, our chances of success are very low.

> Who knows? It's **a long shot**, but it may just work.

口先だけのいい返事

今日の会議で係長が君の計画を支持しなかったことに、私は驚いたよ。

　　──僕もだよ。実はね、あの人は最初に計画を見た時、満足してると言ったんだよ。
ぬか喜びだったようだね。

　　──そうだよ。すべて口先だけのことだったんだ。

Lip（唇）はここでは「口先だけの〜」の意味で、ほかに lip praise（口先だけでほめること）という
表現も。また service は古くは「敬意」のこと。新約聖書「マタイによる福音書」（15:8）「この民
は、口さきではわたしを敬うが、その心はわたしから遠く離れている」より。1600年代の中頃から。

小耳にはさむ

最近、お幸せそうですね。

　　──あれ、そうですか？

ご結婚ね。ちょっと聞いたんだけど。お幸せにね。

　　──あっ、ありがとう。隠しておくつもりはなかったんだけどね。

旧約聖書「伝道の書」（10:20）、人に悪意を抱くと（鳥が運ぶように）相手に伝わるものだと諭
す場面から。Bird が、とくに a little bird の形で「内密の情報源」を意味するのは1500年代から。
I heard a bird so sing. や A little bird has whispered a secret to me. などの類例がある。

何もかも

えっ！すごい変わりようだね！あそこに、豪邸があったのに。

　　──そうだ。所有者がビジネスに失敗して、手放したのさ。

それで、全部が取り壊されたのか？

　　──その通り。一切すべてだよ。

Lock（引き金）、stock（銃床）、barrel（銃身）。これらはすべて銃の一部で、それも大切な部分。
ライフル銃が使われる前のマスケット銃がイメージされている。この銃はアメリカ独立戦争（1776
年）でよく使われたタイプの銃。1800年代前半から。

成功する見込みの少ないこと

実際に、他に取るべき道はあるのかな？

　　──残念ながら、ないね。打開の道は、それ以外にはなさそうだよ。

でも、それでやったとしても、うまく行く可能性は低いよね。

　　──それは分からないよ。期待は薄いけど、うまく行くかもしれないよ。

Long shot は「遠くから標的を撃つこと」が文字通り。銃の性能が今のようによくなかった頃、遠
くから的に命中させることは「可能性として大変低いこと」。しかし、だめもとで撃つだけ撃とうとし
ているのである。1800年代の終わり頃から。

Low man on the totem pole, (the)

Did you hear his success story?

> No. He got where he is by sheer luck, didn't he?

Not at all. He worked his way up from **low man on the totem pole**.

> I might have known.

Low-hanging fruit

Can you think of any way to increase our sales?

> Is a customer list available?

Of course, it is.

> Then, why don't you send them direct mail? They may be **low-hanging fruit** for us.

下っ端の人

彼の成功話を聞きましたか？

　　——いいえ。全くの運だったんでしょ？

まさか。下っ端から頑張って、上りつめたんですよ。

　　——そうだったのか。

アメリカ人の役者 F. アレン（1894-1956）が 1940 年頃「下っ端」の意味で使い始めた。Totem pole（トーテム・ポール）とは北米大陸西沿岸の先住民が作った木彫の柱。動物、鳥、魚、人などさまざまな像が彫られている。ただ柱のどの位置にあるかにより地位の差はないようだ。

楽して得られる物

販売を増やすための、何かいい方法はないでしょうか？

　　——お客さんのリストはないのかね？

もちろん。あります。

　　——じゃ、直接、案内状を送れば？すぐ買ってくれるかも知れないよ。

おいしそうに熟した fruit（果物）を、木から取ろうとしている場面。手の届かない高いところにある物よりも、low-hanging（木の下の方に実っている）方が、手間が省けて楽に収穫できる。比喩的に「楽して得られるもの」の意味で 1960 年代頃から。

Make a beeline for something

Nobody can beat you at the computer game.

Thanks. I've learned anything and everything about it.

I hear the new version came out just yesterday.

Oh yes. I **made a beeline for the store** first thing in the morning.

Make a last-ditch effort

I got some good shots of him at the sports arena.

Good! Let me see them. I wish I could have gone with you.

Look at this! He is just about to cross the finish line.

Yes, he is **making a last-ditch effort**.

Make a mountain out of a molehill

They say the world temperature is going up, don't they?

Oh yes. The earth will be like a huge desert.

You are **making a mountain out of a molehill**.

No, I'm serious.

Make ends meet

I need a new laptop. Something is wrong with my screen.

You said you wanted to have your car repaired, didn't you?

Oh, yes, I forgot.

How can we **make ends meet**? The hospital bills have already more than doubled from last month.

～へ直行する

コンピュータ・ゲームでは、誰も君にかなわないよ。

——ありがとう。あらゆることを勉強したからね。

ちょうど昨日、新しいバージョンが発売されたって聞いたけど。

——ええ、朝一番にお店に走って行ったよ。

1950 年代より。Beeline は「最短距離」。Bee（蜜蜂）は蜜や花粉を集め終わると、本能的に最も近いルートを選んで巣に戻るという。Beeline としては、The Massachusetts Spy 紙で 1830 年に使われたのが最初。E.A. ポー『黄金虫』（1843 年）などに見られる。

最後の力をふり絞って

競技場で彼のいい写真を何枚か撮ったよ。

——すごい。見せてちょうだい。一緒に行きたかったわ。

これ見てごらん。まさにゴールのテープを切ろうとしているところよ。

——そうね。最後の力をふり絞っているところね。

ここでの ditch は、戦いで味方の陣地を守るために掘られた「塹壕（ざんごう）」のこと。イメージとしては、投降するよりは最後まで塹壕にとどまり、果敢に戦い続けている兵士の姿。1800 年代初めから。A last-ditch appeal（最後のお願い）などともいう。

大げさに言う

世界の気温が上がってるっていうことだね？

——そうさ。地球は大きな砂漠のようになるよ。

それは大げさだね。

——いいえ、本気だよ。

「Molehill（もぐら塚）を山のようにいう」が文字通り。もともとギリシャ語には make an elephant out of a fly（はえを象のようにいう）の表現があったが、英語では make, mountain, molehill と頭韻を踏んだ表現として定着した。1500 年代の後半から。

収支を合わせる

新しいノート・パソコンが必要だな。今のはディスプレイの画面の調子が悪くって。

——車も修理してもらいたいと言ってたよね。

あっ、そうだった。忘れていたよ。

——どうやって収支を合わせるの。医療費はすでに先月の倍以上だし。

もともとフランス語にあった表現が、英語でも使われるようになった。文字通りだと「両端を合わせる」。Ends と複数形になっているのは、収入と支出の欄の end（最後）の欄に記載された、2 つの金額の合計の数字を意味することから。1600 年代から。

Make no bones about something

I asked Bob where he saw himself in ten years.

What did he say?

He said he'd like to be the president of this company.

The company president? He really **makes no bones about his ambition**.

Make someone's day

You seem to be in a good mood today.

Yes. Our granddaughter gave me a call early this morning.

Oh, the one you said lives in Boston? How is she?

Just fine, thanks. We talked for an hour, and it **made my day**.

Memory like [of] an elephant, a

I ran into your father for the first time in twenty years.

Did he remember you?

Yes, he did. And my birthday as well.

Really? He **has a memory like an elephant**.

MIA

I haven't seen you around for some time. How have you been?

I'm fine. I've been studying at the library.

Is it open during summer?

Oh yes, as usual, and I was **MIA** for a while preparing for the examination.

～についてはっきり言う

ボブに 10 年後どのようなことをしていたいですか、と尋ねたのですね。

——何と答えたのかね？

この会社の社長になりたいと言っていました。

——社長に？ 自分の望みをはっきりという男だな。

スープに bones（骨）がなければ、喉に詰める心配もなく、「何の躊躇もなく」口にできるからという説のほか、賭博に由来するとの説もある。Bone は昔「サイコロ」を意味し、make no bones はサイコロの入ったカップを 1 回だけ振り、場に投げることだったという。1500 年代から。

～をうれしい気持ちにさせる

ご機嫌がよろしいようですね。

——ええ。今朝早く、孫娘が電話をくれてね。

あっ、ボストンにいらっしゃるかたですね。お元気ですか？

——元気です。ありがとうございます。1 時間も話して、楽しかったですよ。

Make は、ここでは「～によい結果をもたらす」の意味。したがって make ～ 's day は「（結果として）～の一日を成功裏に終わらせる」が本来。これが 1900 年の初め頃から、一般的に「～を喜ばせる」の意味で使われるようになった。

すぐれた記憶力

あなたのお父さんに、20 年ぶりにばったりと出会いましたよ。

——あなたのことを、覚えてましたか？

ええ、覚えていました。私の誕生日までも。

——本当に？ 大した記憶力だな。

サキの短編集『レジナルド』（1904）の一編にある Women and elephants never forget an injury.（女性と象は傷を決して忘れない）という一節から。記憶力のよさをほめるのに An elephant never forgets.（すごい記憶力ですね）という。

隠れている

しばらく会わなかったけど、どうしていたの？

——元気よ。図書館でずっと勉強していたの。

夏の間も開館しているの？

——ええ、いつもと同じよ。で、しばらくこもって試験に備えていたの。

MIA は missing in action の略。「軍事活動中の行方不明兵」のことで（action は「軍事活動」）、1940 年代の中頃から使われるようになった。ユーモアを交えて、一般的に「隠れている」「人目をしのんで」という意味で使われるのは 1980 年代から。

M Mickey Mouse

That press conference was disappointing.

>What was it like?

Well, he gave a lot of **Mickey Mouse** excuses. He just hates to take any responsibility.

>I am not surprised.

Miles away

Kevin! Did you watch TV last night?

>Did I what? Sorry, I was **miles away** thinking about my presentation tomorrow.

I said, "Did you watch any TV last night?"

>No, I didn't. I was fast asleep.

Mind one's P's and Q's

Look at the customer at the counter over there.

>Do you mean that grumpy-looking man?

Yes, when you wait on him, you need to be careful.

>Okay, I will **mind my P's and Q's**. I don't want to offend him.

Miss the boat

Our company president is looking for someone to accompany her on her trip.

>Where is she going?

To Japan and Thailand, and she needs someone who can speak the two languages.

>Tell me more. I don't want to **miss the boat**.

くだらない

あの記者会見は期待外れだったよ。

——どんな様子だったんだい？

くだらない言い訳ばかり。彼は責任なんて全然取りたくないのさ。

——そんなの分かっているじゃないか。

1928 年に制作された漫画のなかのねずみの名前から。もとは、漫画で使われた不評の音楽を
Mickey Mouse と呼んだ。「つまらない」という意味で、広く使われ始めたのは 1940 年以降。
米国兵士が、軍隊で上映された性病に関する映画を、Mickey Mouse movie と呼んだ。

ボーッとしている

ケビン、昨晩はテレビを見た？

——何だって？ ごめん、明日の発表のことを考えていてボーッとしてたよ。

「昨晩、何かテレビを見た？」って言ったんだよ。

——いいや、見なかったよ。ぐっすり寝ていたよ。

文字通り「何マイルも離れている」なら、物理的に距離がある場合。ここでは心理的に遊離してい
る状態を意味する。つまり、何かほかに気がかりなことがあったり、物思いにふけっていて「気持ち
が上の空」のこと。1800 年代中頃から。

言動に注意する

向こうのカウンター席にいるお客を見てごらん。

——気難しそうな顔をしている男のことですか？

そう、接待する時は気をつけてね。

——分かりました。よく注意します。怒らせたくはありませんから。

「p と q に注意する」、つまり「細心の注意を払う」の意味。小文字の p と q は似ているので注意
して書く必要がある。ほか、イギリスのパブでは客の飲んだ量を pint と quart の単位で店主が記
録し、精算したことに由来するとの説もある。1700 年代後半から。

好機を逸する

社長は旅行に随行する人を、だれか探しているんだよ。

——どこへ行かれるのですか？

日本とタイで、2 か国の言葉が話せる誰かが必要なんだ。

——もっと聞かせてください。こんな機会は逃したくないです。

「Boat（船）に miss（乗り遅れる）」が「好機を逸する」という意味で使われるのは 1930 年代
より。ほかに miss the（omni）bus（1800 年代後半から）や miss the train（1930 年代
より）も同じこと。日本語でも同じ意味で「バスに乗り遅れる」という表現が昔あった。

Monday morning quarterback, a

Why did you invest in such a worthless stock?

> I thought the price would go up.

Stupid! I told you to buy P&G stock. It's twice as high as last year.

> You're **a Monday morning quarterback**, aren't you?

Monkey business

Don't you smell something?

> Something burning?

Oh, no. Don't you feel there is some **monkey business** going on?

> Well, I don't know. Like what?

Monkey on one's back, a [the]

That's not the only problem in our department.

> Is there another one?

Yes, we have **a** financial **monkey on our back**, don't we?

> You're right. I almost forgot.

Mother of all somethings, the

You look awful. Go lie down.

> I will. I have **the mother of all hangovers**.

You still smell terrible. When did you come home last night?

> I got home this morning.

結果についてどうこう言う人

なぜ、そんなつまらない株に投資したんだい？

　　――株価が上がると思ったんだよ。

ばかな！Ｐ＆Ｇの株を買えと言っただろ。昨年の２倍になってるよ。

　　――君は、後になってから、どうのこうの言うんだな。

アメリカン・フットボールでは quarterback（クオーターバック）は、攻撃側チームの司令塔のようなもの。プロリーグの試合は日曜日に行われることが多く、Monday morning（月曜の朝）には、前日の試合結果を好き勝手に批評する人が多い。1930 年代から。

悪事

何か臭わないかね？

　　――何か焦げ臭いですか？

じゃなくて、何かよからぬことが起こっていると感じないか？

　　――分からないな。どんなことだ？

Monkey（猿）には、人にちょっかいを出したり、悪ふざけをするイメージがある。法に触れるような悪事のほか、子どものたわいないいたずらなど、幅広い行為について使われる。1800 年代後半から。サーカスや動物園が広く定着するにつれ、猿が多く見られるようになったのが背景。

心配ごと

私たちの部局では、問題はそれだけではないんだよ。

　　――まだ、問題があるんですか？

そうだよ。資金に関する問題があるじゃないか。

　　――そうでしたね。忘れるところでしたよ。

「背中の猿」が文字通り。ペットの猿が主人の背中で騒いでいる様子。転じて「悩みの種」を意味する。1950 年代から。Get the monkey off one's back（心配が解消する）ともいう。また have a monkey on one's back は「怒っている」の意味も（1800 年代初めから）。

〜のひどい例

気分が悪そうね。寝てきたら。

　　――そうするよ。ひどい二日酔いなんだよ。

まだとても臭うわよ。昨晩は何時に帰ったの？

　　――いや今朝だよ。

湾岸戦争（1990 年）をイラクのフセイン大統領が、アラビア語で the mother of all wars（最悪の戦い）と呼び、それが英語でも使われ始めた。The mother of all traffic jams（ひどい交通渋滞）、the mother of all storms（ひどい嵐）のような例がある。

M Music to someone's ears

Mom, good news!

> You have been selected to go to the Olympics. Is that it?

You guessed right.

> Congratulations! That will be **music to our family's ears**.

My two cents

Did you see his new movie?

> I did. It was quite awesome.

Well, the movie is an eight on a scale of ten.

> I'd give it a nine-plus on the whole. The music
> was great, but that's just **my two cents**.

～が喜ぶ楽しい知らせ

お母さん、いい知らせよ。

　　──オリンピックの選考に選ばれて、行くことになったのね？

その通り。

　　──おめでとう。家族みんなにとっての朗報だわ。

文字通りなら「耳に心地よく響く音楽」が、比喩的に「朗報」の意味で一般的に使われ始めたのは 1700 年代前半から。シェークスピア『間違いの喜劇』（1623 年）（2 幕 2 場）には music to thine ear（thine は「汝の」）が見られる。

私ならそう思うがね

彼の新しい映画を見た？

　　──見たよ。本当に素晴らしかったよ。

そうだね、あの映画は 10 点満点で 8 点だな。

　　──私なら全体的に 9⁺だよ。音楽がよかった。まあ私は、そんな感じだけどね。

Two cents（2 セント）が「価値のない物」の意味で使われたのは 1800 年代から。イギリスでは同じ意味で two pence（2 ペンス）という表現がある。どちらも my をつけて、とくに求められていないのに自分の意見を言って「生意気なことを言うけどね」というニュアンスで使う。

N

Nip it in the bud

Aren't you catching a cold?

> Oh, you mean my cough?

Yes, you should see the doctor and **nip it in the bud**.

> Well, okay, I will before it's too late.

No bed of roses

I tried to change her mind.

> But you couldn't.

No. How does she think she can live in a place without any friends?

> Well, I don't know. Life is **no bed of roses**, and she must know that.

No dice

Mommy, when's my birthday?

> Not for a long time. Why?

I want another teddy bear.

> **No dice**. You've got some already.

No picnic

It's been such a difficult day for us.

> And it was **no picnic** at all.

You can say that again! Shall we go for a drink? We could use some beer.

> Now you're talking.

大事になる前に対処する

風邪をひきかけているんじゃない？

　　──あっ、私の咳のことね？

そう、お医者さんに診てもらって、大事になる前に処置してもらうことね。

　　──そうね、早い目にそうするよ。

Nip は「（はさみなどで）摘み取る」の意味。園芸では、大きくなると困る植物の bud（つぼみ、芽）を小さいうちに摘み取る、いわゆる芽掻きは大切な作業の 1 つ。比喩的に「問題がこじれないうちに早めに対処する」の意味で 1600 年代の初頭から。

楽なことではない

彼女の考えを変えようとしたんだがね。

　　──でも、できなかったんだろう。

そう。友達もいない所で、どうして生活できると、考えているんだろうね。

　　──私にも分からないよ。人生、甘くはないことを、知っているはずなのに。

Bed of roses は「バラの花壇」。マーローの詩『The Passionate Shepherd to His Love（恋する羊飼いの歌）』（1599 年）に And I will make thee beds of roses（貴方にバラの花壇をこしらえよう）がある。「バラの花壇」が「楽なこと」を意味するのは 1600 年代から。

だめだ

お母さん、僕の誕生日はいつなの？

　　──まだまだ先よ。どうして。

新しいぬいぐるみの熊さん、欲しいんだよ。

　　──だめですよ。いくつも持ってるでしょう。

Dice は「さいころ」のこと。1900 年代初めアメリカでの話。賭博場へ警察が取り締まりに入っても、さいころが見つからなければ有罪にならず No dice, no conviction.（サイコロなしでは無罪）といわれた。これが由来。1920 年代よりの表現。

楽なことではない

いろんなことが起こった 1 日だったな。

　　──少しも、ゆっくりできなかったよ。

ほんとに。ちょっと飲みに行こうか？ビールでもどうだ。

　　──そうこなくっちゃ。

ピクニックはみんながリラックスして楽しめる社交の場。そのようなイメージでは決してない、というのである。1800 年代の後半、アメリカで使われ始めた。慣用的に否定語を伴い「大変なこと」。Not a picnic とも。

N Not hold a candle to someone

She knows a lot about herbs.

> Oh yes. Look at her garden. It's full of them.

And she's just published her book on herbs and their medicinal effects.

> **No one can hold a candle to her** in that field.

Not in the same league

Who does the cooking every day?

> My wife does mostly.

Don't you ever cook anything for her?

> Very rarely. When it comes to cooking, I'm **not in the same league**. I do the dishes.

Not need a crystal ball

We **don't need a crystal ball** to see who will win this evening.

> Yes, Schwarzkopf by all means. No doubt about it.

She won the title last time, didn't she?

> Oh yes, and she hasn't lost a single game so far this time.

Not out of the woods yet

How are the new projects going?

> Actually, we are **not out of the woods yet**.

What seems to be the trouble?

> It's something financial.

～の足元にも及ばない

彼女は、薬草については多くのことを知ってるよ。

　　──そうだよ。彼女の庭を見てごらん。薬草がいっぱいだ。

それに薬草と効用についての本を、出版したばかりだよ。

　　──その分野では、いくら頑張っても、彼女にかなわないよ。

電灯もない頃、主人が本を読んだり外出したりする時、hold a candle（ろうそくを持って）あかり
を照らすのは召使の仕事。「主人にろうそくすらかざすことができない」とは、地位、学識、身分などが、
「とても～には及ばない」ということ。1600年代より。

とてもかなわない

毎日のお料理は誰がしますか？

　　──たいてい妻です。

奥さんに代わって、お料理をすることはありますか？

　　──めったにないです。料理では、とてもかないません。私は皿洗いをします。

アメリカで1900年代の初めから。ここでのleagueとはメージャー・リーグ（上位リーグ）とマイナー・
リーグ（下位リーグ）に分けれらたプロ野球のこと。リーグが違えば試合にならない。横綱と十両
の力士が相撲を取るようなもの。In the same league as ～（～に匹敵する）の表現も。

結果はほぼ決まっている

今夕は誰が優勝するか、結果はほぼ決まっているね。

　　──そうさ。何と言ってもシュワルツコップだよね。間違いないよ。

前回は彼女が優勝したんだろう？

　　──そうさ、そして今回はこれまで1ゲームも失っていないし。

将来の成り行きの判断に使われたのが crystal ball（水晶の玉）。占い師がのぞくと未来の姿
が像になって現れるという。「水晶の玉が必要ない」とは「結果は分かりきっている」ということ。
1900年頃から。My crystal ball tells me～（私の予想では～）など類似の表現が多い。

まだ難局を抜け出せずにいる

新しいプロジェクトはどうかね？

　　──実は、まだ問題が残っています。

何だね、それは？

　　──資金的なことです。

深い woods（森）に入り、方向感覚を失うと出て来れない。ラテン語からの表現で、英語では「困
難な状態にある」の意味で1700年代末より。「病気から回復していない」としても使う。イギリス
では woods でなく wood を用いる。♪Out of the Woods♪（2014年）は T. スウィフトの歌。

Not someone's cup of tea

Are you a cat person or a dog person?

> Umm, I like dogs, if I have to choose.

Well, do you have any pets?

> Keeping pets is **not my cup of tea**.

Nuts and bolts (of something), the

She has a beautiful garden.

> She sure does.

How did she ever learn about growing
vegetable and plants?

> Well, her father was a gardener and taught
> her **the nuts and bolts**.

〜の好みではない

あなたは猫派それもと犬派？

——うーん、どちらか選ぶとすれば犬です。

じゃ、何かペットは飼っていますか？

——ペットを飼うのは私の好みではないです。

イギリス人は大の紅茶好き。午後のひと時は afternoon tea を楽しむ。自分の好みの香りの紅茶を my cup of tea と呼んだが、1800 年代末から一般的に「自分に合うもの」を意味するようになり、1920 年代から、もっぱら否定の形で使われ出した。

(〜の) 基本的なこと

彼女は美しい庭を持っているね。

——ほんとだね。

一体、野菜や植物の育て方を、どうやって習ったのかな？

——あのね、お父さんが庭師で、お父さんから基本的なことを教わったのさ。

Nuts は「（穴のあいた）丸ねじ、ナット」で、bolts はそれにねじ込む「（棒状の）締め釘、ボルト」。どれも鉄骨や木骨建材を固定したり、機械を組み立てるための基本的な部品。「基本的なこと」また「具体的な情報」として 1940 年代から。

O Off the cuff

Do me a favor, please! Mr. Champ just called me saying he can't come.

> Which means...

Yes. Will you please make the opening speech for him?

> Me? Make a speech **off the cuff**?

On a roll

How are the Yankees doing this month?

> They are setting a record for consecutive wins.

How many straight games so far?

> Eleven. They are **on a roll** for the league championship.

On cloud nine

This is the best present I could ever get.

> I knew you'd like it.

It's very nice of you. I feel like I am **on cloud nine**.

> You are very welcome.

On one's soapbox

Are you in favor of the draft plan they gave to you?

> Oh, not in any way. It's ridiculous.

What are you going to do about it?

> I am going to get **on my soapbox** at the next meeting.

充分な準備なしで

お願い事があってね。チャンプから電話があって、来られないって。

　　──ということは…

そうなの。代わりに、初めのスピーチをしていただけない？

　　──私が？準備なしで？

Cuff は「シャツの袖口」のこと。もともとすり切れ、汚れやすいので厚手の素地で折り返されていた。19 世紀末から 20 世紀初めにかけて、この袖口に紙製のおおいがあてがわれていた頃、この部分にスピーチの内容や日常のメモを書く習慣があった。1930 年代から。

絶好調な

今月のヤンキーズはどんな様子かね？

　　──連勝記録を更新中だよ。

今まで連続で何ゲームですか？

　　──11 連勝だよ。リーグ優勝に向けて波に乗っているよ。

Roll は「（物が）転がる」や「（波が）うねる」ことを意味し、それに伴う勢いを暗示する。サーファーがうねる波の勢いに乗って、どこまでも快調に海の上を進んでいる様子が想像できる。「乗りに乗っている」という意味で 1970 年代から。

とても幸せな気分で

こんなに素晴らしいプレゼントは初めてだわ。

　　──気に入ってくれると思っていたよ。

本当にありがとう。とても幸せ。

　　──どういたしまして。

アメリカ気象局の cloud（雲）の分類番号に由来する。これによると nine（9 番）に分類されるのは積乱雲。この雲には、大空を圧倒するような勢いで、モクモクと湧き立つイメージがある。「空にも舞い上がる気持ち」という意味で 1900 年代の中頃から。

意見を述べる

渡された叩き台には、賛成ですか？

　　──いいえ、全然。あれは、ばかげているね。

どうなさるおつもりですか？

　　──次の会議で、はっきりと意見を言うつもりだよ。

「Soapbox（石鹸箱）の上で」、つまり自分の主義や主張を人の前で述べようと、ステージよろしく石鹸が入っていた木箱の上に立っているイメージ。転じて、会議の席や文章の中で「自分の考えを思う存分述べる」の意味。1600 年代の中頃から。

On pins and needles

Did you go for your job interview yesterday?

> Yes. They said they would inform me at the end of this week.

That will be...in five days. Fingers crossed!

> Thank you. I'll be **on pins and needles** until then.

On someone's tail

Look, the police! They are still **on our tail**.

> I would've thought we'd lost them.

Hurry. They're going to catch us.

> You go that way. I'll go this way.

On the ball

Was anyone injured in the fire?

> No, not at all. Everyone made good their escape.

It is a miracle in a big fire like that.

> Yes, it is. The security guard was **on the ball**, and did an
> awesome job.

On the fly

You could have given him a better excuse.

> Well, his question was so abrupt...

And you couldn't think of anything clever to say.

> No. That's just what I said **on the fly**.

いても立ってもいられない

昨日、就職の面接に行ってきたの?

――はい。今週の末には、連絡があるんですが。

それじゃ、5 日後だね。幸運を祈るよ。

――ありがとうございます。それまで、いても立ってもいられないですよ。

「ピンと針の上にある」が文字通り。手がかじかんだり、長い間不自然な姿勢でいると、部分的にしびれて無感覚になるが、それから回復する時のピリピリする痛みのこと。転じて「落ち着いていられない状態」のこと。1700 年代終わり頃から。

～をつけ回す

見ろよ、サツだぜ。まだ、追って来てるぜ。

――ヤツら、まいたと思ってたのに。

急げ。捕まるぞ。

――お前は向こうだ。おれは、こっちだ。

「～の tail(尻っぽ)に付着している」が文字通り。空中戦を有利に進める戦術として get on the tail(敵機の背後に付く)の用語が 1920 年代、空軍で用いられた。これがそもそもの由来。「～に付きまとう」という意味で一般的になったのは 1930 年代以降。

機敏に行動する

火事で誰か負傷しましたか?

――いいえ 1 人も。みんな無事に避難しました。

あのような大火では奇跡ですよね。

――ええ。保安員が機敏に対応して、素晴らしい働きをしてくれたので。

球技に由来するようだが、それがサッカーなのか、野球なのか不明。サッカーとするなら、ボールを足でうまくコントロールする選手がイメージできるし、野球とするなら、投手がさまざまな球種を自由に操る姿が想像できる。イディオムとしては 1930 年代から。

とっさに

彼に、もっとましな言い訳をしてもよかったのに。

――そうね、彼の質問はあまりにも突然だったので…

もっと気がきいたことを思いつかなかったのね。

――そう。で、とっさに言ったのがあれだったのよ。

文字通りは「飛行中」の意味。空中にある物はいつか地上に落ちる。そうなる前に「急場しのぎに」「後先のことを考えないで」何かを言ったり、決定したりするというイメージ。このような意味で使われ始めたのは 1800 年代の中頃から。

O

On the same page

What do you think about selling soft drinks in schools?

I think we should stop it. What about you?

We're **on the same page** there. How do you think we could stop it?

Shall we discuss it at the PTA meeting next week?

On the tip of someone's tongue

I am trying to remember the Japanese restaurant we went to last week.

Oh, the one on Fifth and Eagle? Was it Yamato?

No, not that one. It was more like...

It's **on the tip of my tongue**. We're getting very forgetful lately, aren't we?

On the wagon

How is he getting along after leaving the hospital?

Getting better every day, I suppose.

He hasn't started drinking yet, has he?

Oh no. Believe it or not, he is **on the wagon**.

Once in a blue moon

When did Mike last visit you?

Well, I don't remember. Was it the Christmas before last?

I would have thought he was dropping by quite often.

Oh no. Lately, it's just **once in a blue moon**.

同じ意見である

学校で炭酸飲料を販売することについて、どう思いますか？

　　──なくすべきだと思います。あなたは？

私も同感です。どうしたら、なくせるんでしょうかね？

　　──来週の PTA で話題にしましょうか？

「（ほかの人が）読んでいる本の同じページを見ている」、つまり「同じ考えだ」、さらに「協力して取り組んでいる」という意味で 1970 年代から。On the same sheet of music（sheet of music は「楽譜」）や on the same hymnbook（hymnbook は「聖歌集」）も同じ意味。

今にも思い出せそうで思い出せない

先週、私たちが行った日本料理屋さん、何だったかな。

　　──5 番街イーグル通りのあれね？ ヤマトじゃなかった？

そんなのじゃない。というよりは ...

　　──今にも出てきそうなのに。最近、私たち、本当に忘れっぽくなったね。

「tongue（舌）の tip（先）にある」が文字通りの意味。何か言おうとするが、口の先まで出かかっているのに、思い出せなくて困っている状態。『ロビンソン・クルーソー』（1719 年）の著者 D. デフォーが、『モル・フランダーズ』（1722 年）で使ったのが最初。

酒を飲まない

退院してから彼はどうなんだい？

　　──日増しに、よくなっていると思うよ。

まだ、酒を飲み始めてはいないよね？

　　──うん。信じられないけどね、酒は飲んでないよ。

「酒は飲まない」という意味の on the water wagon の water が省略された形。Water wagon は昔、水を運搬したり散水するために使われた wagon（荷馬車）。御者は喉が渇くと積んでいる水を飲んだ。アメリカで 1900 年代初めからの表現。

まず起こりえない

マイクが最後に会いに来たのはいつですか？

　　──さて、覚えていないな。1 つ前のクリスマスだったかな？

よく立ち寄っていたと思っていたのに。

　　──いいや、最近はめったに来ませんね。

月が大気中の塵の影響で青く輝くことが、たまにあるという。実際 1883 年、ジャワ島で火山が噴火した時、この現象が見られたという。ほかに、たまにひと月に 2 度、満月になることがあり、2番目の満月を blue moon と呼ぶ。「ごくまれに」として 1830 年代から。

O | Out of the blue

How did you find your job?

> Well, I ran into my former teacher by chance, and he gave me this job opportunity.

So it came **out of the blue**?

> Yes. His friend happened to be looking for someone to help him with his business.

Over a barrel

So how did the negotiations with the manager go?

> This time, he had me **over a barrel**.

Well, what did he say?

> Either play in the minor league or leave the club.

Over the hill

You don't think it's too early for him to retire?

> No, I don't think so. He is already fifty.

Well, does that mean he is thought of as **over the hill** in this job?

> Exactly. He seems to have been at it long enough.

Over the moon

Did you see the Grand Sumo tournament? Yesterday was the last day.

> Oh no. I just missed it. Who won the championship?

Takarayama. And the council will recommend him for the new Yokozuna.

> Oh, at the age of thirty. He must be **over the moon** to hear that.

思いもよらず

仕事を、どのようにして見つけたの？

　　——偶然、高校の恩師にお会いしてね。この仕事をお世話してもらったんだ。

つまり、突然の話だったんだね？

　　——そうだよ。先生の友人が、ちょうど仕事の手伝いをする人を探していてね。

「不意に」という意味で 1900 年代前半から。雲ひとつない the blue（青空）に突然、光る稲妻がイメージできる。Out of the clear blue sky や a bolt from the blue（bolt は「稲妻」）なども、同じ「晴天の霹靂」の意味。A bolt from the blue は 1800 年代前半から。

思いのままにする

で、監督との交渉は、どうだったんだい？

　　——今回は言われるままさ。

それで、何と言われたんだい。

　　——マイナー・リーグでプレーするか、退団するか。どちらかだよ。

昔、おぼれた人がいたら barrel（樽）の上にうつ伏せに寝かせ、樽を前後に揺さぶり水を吐かせた。文字通り、寝かされた人は回りの人のなすまま。じっとして自分の運命を任せるほかない。「俎板（まないた）の鯉」とイメージは同じ。1930 年代から。

最盛期を過ぎた

彼が引退するのは早すぎると思いますか？

　　——思わないよ。もう 50 歳よ。

というと、この仕事ではもう最盛期を過ぎたと思うの？

　　——その通り。ずいぶんと長くいたみたいね。

文字通りなら「hill（小高い山）を越えている」。登りつめた山を今は下っている様子。比喩的に「その人の専門的な技能などに陰りが見え出している」「若くはない」と言う意味で 1950 年代からアメリカで使われ始めた。相手に直接使うと失礼になる。

有頂天になって

大相撲を見ましたか？昨日が千秋楽だったよ。

　　——あっ、見逃した。だれが優勝したんだい？

宝山だよ。それで、審議会は彼を新しい横綱に推薦するようだよ。

　　——ほーっ、30 歳でね。彼はそれを聞いて、うれしいに違いないよね。

1700 年代には jump over the moon for joy（有頂天のあまり月に飛んでいく）の表現があり、童謡『Hey, Diddle Diddle』の一節に the cow jumped over the moon がある。うれしくて空にも舞い上がる気分のこと。Be over the moon では 1800 年代の前半から。

P Pack rat, a

Have you been to the bicycle shop recently?

> Yes, I have. The whole place is a complete mess.

The shop owner is such **a pack rat**.

> I know. Things are piled up everywhere, and there is no room to sit down.

Packed like sardines

Here comes the bus! We had to wait a long time, but it's right on time.

> Is it the right one?

Of course. I made sure it stops at the Hilton on the Simon side.

> Let's get on. Oh my, it's **packed like sardines**.

Paint the town red

What are your plans for the weekend?

> Well, nothing special.

We're going to celebrate our team's victory and **paint the town red**.

> That's great. Can I join you?

Parachute into

Do you hear about the personnel shake-up?

> Yes, Mr. Brown will **parachute into** our department from our parent company.

Right. That was decided rather urgently.

> Now, people are making noise, trying to find out the reason for this.

何でもため込む人

あの自転車屋さんへ、最近、行ったことがある？

——あるよ。店全体がごちゃごちゃだね。

店の主人は何でもため込む人なんだ。

——分かってるよ。物が所狭しと積み上げられていて、座る場所もないよ。

Pack rat（ウッドラット）は北米で見られるねずみ。巣の中に物をためることで知られている。光る物を好むようで、鍵、眼鏡、バックル、ペン、口紅、時計、入れ歯まで見つかったという。「不必要な物をため込む人」として1910年代から。

ぎゅうぎゅう詰めになって

バスが来たよ。長く待ったけど、時間ぴったしだね。

——このバス、これでいいのかな？

大丈夫だよ。ヒルトン・ホテルのサイモン通り側で止まるのを確かめたから。

——それじゃ乗りましょう。わっ、ひどい混みようだな。

Sardine（いわし）が、めいっぱい木箱などにpacked（詰め込まれた）イメージ。人の身動きできない状態を、ぎゅうぎゅう詰めになった、いわしにたとえられたのは1800年代の終わりから。Packedの代わりにcrammedやjammedも使われる。

大騒ぎをする

週末は、どんな予定がありますか。

——ええ、とくにはないね。

チームの優勝の祝いで大騒ぎするんだけど。

——いいね。私も加わっていい？

赤色など派手な服を着て、どんちゃん騒ぎしている様子からとする説。飲み騒ぐカーボーイが、注意した人に、町を血で染めると言って脅したとする説。西部開拓時代、インディアンが町に火を放ったからとする説など、いろいろ。1800年代後半から。

天下りする

人事の入れ替えについて聞いている？

——うん。ブラウンさんが私たちの部局に、親会社から登用されるんだろ。

そうだ。あれは、かなり緊急に決まったんだ。

——みんな、いろいろうるさく言っているよ。その理由を知ろうとしてさ。

ここではparachute（パラシュート）は「（緊急に）正規の任用制度を無視して外部から組織に入り込む」、つまり「天下りする」とよく似ている。1950年代から。また、be parachuted in from outside（外部から登用される）という表現も。

P Part of the furniture

How long have we been working here?

> More than twenty years. Time flies, doesn't it?

Oh yes. Where have all the years gone?

> Haven't you noticed, we have become
> **part of the furniture** in this office?

Pass the hat (around)

Why don't we get her a nice going-away gift?

> Sure, but how are we going to get the money?

Let's **pass the hat around**.

> Okay. Among whom? I'll do it for you.

Pay through the nose

That fire insurance policy seems a bit expensive.

> How about this one? It sounds more reasonable, I think.

Yes, we don't want to **pay through the nose** for this old house.

> I hear you. We need to save some money for a new one.

Pick up the tab

It was raining really hard, and our flight was canceled.

> Where did you stay overnight?

At the airport hotel. The airline **picked up the tab** for the room.

> Good. So you didn't pay for anything.

昔からある物

ここで働いて、私たち、どれほどになるんだろうね？

——20年以上だよ。早いね。

本当にね。あっと言う間の20年だったな。

——気付かなかったかい、会社でも古株になってしまったよ。

いくら大量消費時代とはいえ、furniture（家具）を取り換え引き換えすることは、そう簡単にはできない。大切に扱って長く使うと、愛着も生まれる。転じて「（みんなが慣れてしまい、その存在自体の是非も問わないような）昔からある物や人」のこと。1910年代から。

資金の援助を頼んで回る

彼女に素敵な、送別の贈り物をあげませんか？

——そうだな。でも、どうやって資金を得ようか？

カンパを頼んで回ろう。

——そうしよう。どの範囲の人達に声をかけますか？私が頼み回りますので。

寄付金などを集める昔ながらの方法は、hat（帽子）を人の間に pass around（順番に回す）こと。賛同する人からは、お金を入れてもらえる。誰かに贈り物をするためカンパを募りたい時など、よく行われる。1800年代後半からの表現。

多額のお金を支払う

あの火災保険は少し高いようだわ。

——こっちのほうは、どうかな？より手ごろみたいだね。

そうよね。この古い家にお金をあまりかけたくないわね。

——同感だ。新しい家のためにお金を蓄えないといけないし。

Nose（鼻）を語源にする rhino には「さい」のほか、古く「お金」の意味もあった。また nosebleed（鼻血）の bleed には「血を流す」のほかに「金を巻き上げる」の意味もある。これらの連想から pay（支払う）と nose が結びついたのがこの表現。1600年後半から。

費用を負担する

雨がひどく、フライトがキャンセルになってね。

——どこで一晩、過ごしたの？

空港にあるホテルで。航空会社が部屋代を支払ってくれたんだ。

——よかったね。だから、あなたは何も払わなかったのね。

Tab は「勘定書」のこと。それを誰かが pick up（取り上げる）ということは、つまりその人が勘定の「支払いをする」こと。Tab の代わりに bill や check も使用される。いずれも1900年代の中頃より。Let me pick up the tab and give it to you. はこの比喩表現に基づくユーモア。

P Pie in the sky

This department will look for an assistant director very soon.
Would you be interested?

> Well, what would happen if I held that position?

Let's say you'd have a chance at promotion, and it's not just **pie in the sky**.

> Please let me know the details of it.

Piece of cake, a

How did you make out on the English exam?

> I got an A.

Cool!

> It was **a piece of cake**. We could use electronic dictionaries. Why don't you take it next semester?

Pink slip, a

Good morning, Mr. Norton. Have you heard? Here's something for you.

> What's that? I hope it's not something unpleasant.

A pink slip.

> Oh no. Not that! Anything but that!

Pipe down

Who is that guy? He is getting on my nerves.

> Oh, the one talking loudly?

Yes. Ask him to **pipe down**.

> Well, that's the way he talks all the time.

叶わない望み

近々、この部署では副局長が必要になるのだが、どうだね？

——そのポジションで働くとなれば、どういうことになるんでしょうか？

ひょっとして昇進の機会があると言っておこうか。それも全く叶わなくもないし。

——詳しいことを聞かせてください。

アメリカの労働組合の歌♪The Preacher and the Slave（牧師と奴隷）♪（1911年）の一節 Work and pray, Live on the hay, You'll get a pie in the sky when you die.（働け、祈れ、干し草の上で暮らせ、死んだら天国でパイをもらえるよ）が直接の由来。1940年代から。

たやすいこと

英語の試験はどうだった？

——優だったよ。

すごいな！

——簡単簡単。電子辞書も使えたし。来学期、履修したらどう？

1800年代末、アフリカ系アメリカ人が楽しんだ、気取ったステップを競う cakewalk と呼ばれたダンス競技会があった。何組かのカップルが同時に踊り、一番の組には輪の中央にある cake が与えられた。1930年代から。なお、cakewalk も同じ意味。

解雇通知

ノートンさん、聞いておられますか？お渡しする物があります。

——何ですか？悪いことじゃないよね。

解雇通知です。

——ええっ！そればっかりは！

1800年代の終わりから1900年代の初めにかけて、解雇はなぜか pink slip（ピンク色の紙片）で通知された。もちろん今はそのような習わしはないが、表現としては1900年に入ってから使われ始め、現在でも残っている。

静かにする

あいつは誰なんだ？イライラするよ。

——大きな声で喋っている男か？

そうさ。静かにしてくれと言ってくれよ。

——いつもあんな風に話すんだよ。

昔、船員への指示は号笛と呼ばれる pipe（笛）で伝えられた。甲板での作業が終わり、甲板から down（下へ）降りて、船室などへ行くよう命じられると、船の上は静まりかえる。とくに命令文で「静かに！」の意味で使われる。1900年に入ってから。

P Pipe dream, a

What are you reading?

> Well, it's about future car technology, and I need to give a report on it.

What do you think of it?

> Easy to read. Now I understand the new system is no longer **a pipe dream**.

Play (it) by ear

What time is your flight from London due to arrive at the airport?

> At twelve midnight.

So late? How do you think you will get home?

> I will **play it by ear**. Maybe I'll hang around at the airport until morning.

Play a waiting game

Why doesn't he make up his mind sooner?

> Well, he is **playing a waiting game**, making sure how the wind will be blowing.

Anyway he is really patient, isn't he?

> Oh yes. I could never be like that.

Play musical chairs

Our boss reorganized the whole office.

> Again? Well, what's your new department?

The Sales department. I worked in the Finance department only one year.

> He really likes to **play musical chairs** with the staff.

夢のまた夢

何を読んでいるの？

──未来の自動車工学の本だよ。報告をしないといけないんだ。

どうだい、その本は？

──読みやすよ。新しいシステムが、もはや夢ではないことが理解できたよ。

もともと鎮痛剤や睡眠薬として用いられたアヘンを、pipe（パイプ）で吸引すると夢心地になるという。これが由来。「夢心地のような幻想の世界」、さらに「叶わない願い」としては1870年代から。Chase pipe dreams（夢を追う）などの表現もある。

出たとこ勝負でする

君のロンドンからの飛行機は、何時に空港に到着するんだい？

──夜の12時さ。

そんなに遅いのか？どうして帰宅しようと思っているんだ？

──その時になって考えるさ。空港で、朝までぶらぶらしているかもしれないし。

Play (it) by ear とは、元来、耳で聞き覚えた曲を譜面なしで、つまり何の準備もなく、即興に演奏すること。「準備なしで行動する」、とくに緊急時に「臨機応変に対応する」という意味で1800年代の中頃から使われている。

相手の出方を待つ

どうして彼は、もっと早く決心しないのかね？

──そうだな、相手の出方を待っているのさ。風向きを確かめようとね。

でも、彼はなかなか辛抱強いよね？

──全くね。僕にはできないよ。

Game はここでは「（商売での）駆け引き」のことで、waiting game は一般的に「積極的に行動を起こさず、相手の出方を waiting（待っている）こと」や、さらに「何もするすべがなく、ただひたすら耐えていること」の意味で使われる。1800年代後半から。

あてもなく仕事の内容を変える

社長は、職員全体の配置替えをしたんだよ。

──またなの？それであなたの新しい部署は何なの？

販売部さ。財務部では1年しかいなかったよ。

──職員の仕事の内容を次々と変えるのが好きなんだから。

Musical chairs とは「椅子取りゲーム」のこと。曲が終われば椅子に座るが、数が人数より1つ少ないので座れない人が出る。この人を除外し、同じことを繰り返すが、最後に座れた人が勝者となる。「仕事の内容をころころ変える」として1900年代中頃から。

P Poles apart

Cathy and Mary are twins and are identical in appearance.

> Yes, but it's a different story when it comes to their characters.

Well, I don't know them so well.

> You know, Cathy talks a lot, but Mary is rather quiet. They are **poles apart**.

Pot calling the kettle black, the

He often criticizes us for doing something he does himself.

> Yes, it's a bit too much, and it's getting on my nerves.

It's **the pot calling the kettle black**, and I wonder if he knows he is doing it.

> Well, I don't think so. I hope he will realize it someday.

Press the panic button

How did it happen?

> It all started with someone yelling, "A rat!"

I see, and some people screamed and **pressed the panic button**?

> Yes. Then they headed for the exit and fell down like dominoes.

Proof of the pudding is in the eating, the

Did you enjoy your visit to the new museum?

> Yes, it was much better than I expected.

I think I will go there someday too.

> Oh, you really should. **The proof of the pudding is in the eating**, they say.

全く異なる

キャシーとメアリーは双子で、見た目は瓜二つだよね。

——そうだね、でも、2人の性格となると話は別ね。

そう？それほど2人のことを、よく知らないわ。

——だって、キャシーはおしゃべりで、メアリーは無口よ。両極端よ。

ここでの poles とは、the north pole（北極）と the south pole（南極）のこと。複数形になっているのはこのため。2つの違いが、まるで両極が apart（離れている）状態にたとえられている。1900 年代の初めから。Miles apart（何マイルも離れている）ともいう。

自分のことをいいことに他人を非難する

彼は、自分がしていることをいいことに、私たちのことを、よくも非難するよね。

——少し、ひどすぎるんじゃない。私もイライラしてくるよ。

まさに自分のことを棚に上げて、だよね。自分では分かっているのかな。

——さあね。分かっていないと思うよ。いつか気付いてほしいわね。

Pot（なべ）や kettle（やかん）を薪や石炭などで温めると、底がすすけて黒くなる。なべが、自分も黒いことを棚に上げ、黒くなったやかんに「お前は黒い」と言ったイメージ。「自分のことを棚に上げ相手を非難する」として 1600 年代後半から。

過剰反応をする

どのようにしてそれは起こったの？

——誰かが「ねずみだ！」と叫んだのが、ことの発端さ。

なるほど。すると何人かが叫び、パニックになったんだな？

——そうさ。それで人々は出口へ殺到し、将棋倒しになったんだ。

「パニックのボタンを押す」が文字通り。もとは軍隊用語。第2次世界大戦中、米国軍の爆撃機に緊急脱出のためのボタンが設置された。当初は飛行士が少しのことでも過敏になり、よく押されたという。1950 年から一般の場面でも使われるようになった。

論より証拠

新しい博物館へ行って、面白かったですか？

——ええ、期待以上でした。

私も、いつか行こうかな。

——ぜひ行ったら。実際に、行ってみれば分かるよ。

1600 年代前半から。Pudding（プディング）がおいしいか、どうかの proof（検査、証明）は、実際に食べてみるに限る。つまり「あれこれ言うより結果で判断してください」ということ。中世の pudding は、豚や羊などの内臓にひき肉やオーツ麦を入れて焼いた物。

P Pull a rabbit out of the hat

What does he say?

> He said everything seems too difficult this time.

So we can't expect him to **pull a rabbit out of the hat** like last time, can we?

> I feel that is what he meant by that.

Pull someone's leg

Bad news. They have just announced more layoffs.

> The mass ones came only a month ago. You're **pulling my leg**, aren't you?

I wish I were. I really do.

> So, how many names are on the list this time?

Pull the wool over someone's eyes

The annual report seems promising, doesn't it?

> I doubt that. Do you remember what they did last year?

No, I don't.

> They tried to **pull the wool over our eyes**. So how can I believe this report?

Push the envelope

Why is the scientist in the news so much lately?

> He won a prestigious award.

Was it for something innovative he came up with?

> Yes. He really **pushed the envelope** in creating a new technology.

妙案を考え出す

彼は何と言ったのかね？

——今回は何もかもが難しいようだと言ってましたよ。

つまり、前回のように彼に妙案を期待することはできない、っていうことかね。

——そういうことだと思いますよ。

種も仕掛けもない hat（帽子）から、突然、rabbit（兎）を pull out（取り出して）人を驚かす。これは昔からよくある手品師の姿。「魔法か何かのように妙案を考え、問題を解決する」の意味。1920 年代から。単に pull it out of the hat とも。

〜をからかう

悪い知らせだよ。今しがた、さらに一時解雇が発表されたんだ。

——1 か月前に大量の解雇があったばかりだよ。冗談だろう？

冗談なら、本当にいいんだけど。

——で、今回は何人が対象なんだい？

「leg（足）を pull（引く）」とは、歩く人の足に杖や棒で、あるいは足をかけて倒し、笑いものにする様子。かけられた足は、当然、後ろに引かれる。「ちゃかす」として 1800 年代末から。Leg-pull（悪ふざけ）、leg-puller（ふざける人）なども。

〜をごまかす

年間報告書をみると、将来は見込めそうですね？

——そうかな。昨年、彼らがしたことを覚えていますか？

いいえ、覚えていません。

——私たちを、ごまかそうとしたんですよ。この報告書も信じられないよ。

中世から 18 世紀末にかけて、男性が着用したかつらは、wool（羊の毛）と呼ばれた。見た目が似ていたためである。「欺く」「惑わす」ために、人のかつらを引き下ろして目を隠そうとする様子から。1800 年代に入ってから。

通常では考えられないことをする

どうして、その科学者のことはニュースでよく取り上げられているのですか？

——彼は権威ある賞をもらったんだよ。

それは、彼が思いついた何か新しいものに対してなの？

——そうさ。新しい工業技術の開発に、これまでにない取り組みをしていたのさ。

この envelope は「封筒」でなく、航空力学用語 flight envelope（飛行包絡線）のこと。これを超えると速度と高度の関係で、安定した飛行が不可能になる。「新たなことに挑む」「常識では考えられなかったことをする」の意味で使われる。1960 年代から。

Put it in a nutshell

Did he say anything about why he wants to retire early?

> Well, he gave me a long story about this and that.

Can you **put it in a nutshell**?

> Yes. I think he has some future plans, but he didn't say what they are.

Put [lay] one's finger on something

Did you see our boss this morning?

> Yes, what about her?

I can't **put my finger on it**, but she didn't look like herself today.

> Oh, she looked just the same as usual to me.

Put one's foot in it

I happened to see Bill and asked him how his mother was doing.

> Oh no. She passed away a few years ago.

Yes, I remembered after I had said that.

> You really **put your foot in it** with him.

Put one's pants on one leg at a time

Dad, isn't that the comedian we often see on TV?

> You're right. Do you want to talk to him?

Yes, but it'd make me nervous.

> Come on. He **puts his pants on one leg at a time** just like us.

端的に言う

彼はどうして早期退職をしたいのか、何か言いましたか？

　　──そうですね、彼はあれやこれや長々と話をしてくれましたが。

一口で言えば？

　　──ええ、これから何かしたいことがあるようです。何かは言いませんでしたが。

ホメロスの叙事詩『イリアス』全編を nutshell（木の実の殻）に入るほど細かい字でまとめた版があると、古代ローマ時代、プリニウス（23-79）が書いている。もとは「かさむ物を小さくする」の意味だったが「端的に言う」として 1800 年代前半から。

～を的確に指摘する

今朝、主任に会った？

　　──うん。どうかした？

よく分からないが、今日はいつもの主任とは違ってたようだけど。

　　──いいえ。私にはいつもの主任のようだったよ。

問題点などを、まさに「これだ」と言わんばかりに、finger（指）を put（置き）指摘しているイメージである。1800 年代の終わりから。否定語を伴い I can't put my finger on it but ～（はっきり何かとは指摘できないが～）の形で用いられることが多い。

へまをする

偶然、ビルに会って、お母さん、どうされてるって尋ねたんだ。

　　──えっ。お母さんは、2、3 年前にお亡くなりになっているのよ。

それを言ってから、思い出したんだ。

　　──ほんとに、彼には失礼なことをしたのね。

It は、ここでは漠然と「思いもかけないこと」。ぼんやりして道を歩いていて、思わず雨の後のぬかるみや家畜の糞に足を踏み入れる。こんな経験は、アスファルト舗装もない昔の田舎道で誰でもが経験したこと。1700 年代の末頃から。

普通の人

お父さん、あの人、テレビでよく見るコメディアンじゃない？

　　──そうだよ。話しかけたいかい？

うん、でも緊張しちゃうよ。

　　──何言ってるんだ。あの人も、みんなと同じ普通の人だよ。

「ズボンに足を通すのに一度に片方ずつ順番に通す」が文字通りの意味。転じて「みんなと同じ何ら変わらない普通の人」の意味で、社会的に高い地位や身分の人、有名人、一流のスポーツ選手など幅広い人を対象に使う。1960 年代より。

P

Put something on the back burner

What's the next item on the agenda?

> It's the summary report for the second quarter.

Maybe we should **put it on the back burner**.

> Okay, let's skip to the one after that. First things first.

Put that in one's pipe and smoke it

How was her project?

> Actually it looked good on paper, but it didn't really work.

So what did you tell her?

> I told her we couldn't fund the project any longer. She can **put that in her pipe and smoke it**.

Put the finishing touches (on something)

Are you through with the report I asked you to write?

> Almost!

How soon will I get it?

> In ten minutes. I am just **putting the finishing touches on it**.

Put two and two together and make five

She seemed to think you were going to have a baby.

> What?

You were sick a couple of days recently.

> Oh no. She just **put two and two together and made five**.

〜を棚上げにする

議事の次の項目は何ですか？

　　──第２四半期の概要報告です。

それは、後回しにしてもいいでしょう。

　　──では、とばして、その次の項目に行きましょう。大切な方から先にね。

レンジで料理する時、back burner（奥にある燃焼部）付近に置かれた物は焼き具合の確認がしにくい。当然、気にかけなくて済むものを、そこへ置く。「〜を軽視する」「〜を緊急性がないので後回しにする」という意味で 1960 年代から。

苦言を甘受する

彼女の計画はどうでしたか？

　　──紙面上はよく見えたのにね、実際はうまくいかなかったんだ。

で、彼女には何と言ったんだい？

　　──これ以上、その計画には資金を出せないと言ったよ。そのつもりでいるだろう。

ここでは that は、他人から言われた苦々しい意見。そんな意見も、刻みタバコを pipe（パイプ）に入れて smoke（煙をふかし）ながら、よく考える必要がある。イメージされているパイプ用の葉の種類は、きっと苦い味のする物だろう。1800 年代初めから。

（〜の）最後の手直しをする

書くように頼んだ報告書はできたかね？

　　──もう少しです。

あと、どれほどでできるかね？

　　──あと 10 分で。最後の手直しをしています。

Touches とは、ここでは画家の「筆入れ」のこと。作品を finish（仕上げる）ための最終段階で、細部を修正するのが finishing touches（最後の筆入れ）。絵画だけでなく文章や建物など、一般的に「最後の手直し」として 1700 年に入ってから。

早合点する

赤ちゃんが生まれるって、思われてたみたいだぞ。

　　──何ですって？

ここ２、３日、元気がなかっただろ。

　　──いやだわ。とんだ早合点ね。

「２と２とを足して５にする」、転じて「とんでもない早合点する」「物事を事実より大げさに考える」。類似の表現に「すでにある状況から、当然の判断をする」の意味で、put two and two together（and make four）の表現もある（次項参照）。共に 1800 年代の中頃から。

P Put two and two together

I'm looking for the chocolate. Do you know where it is?

No, I don't. I saw it on the chair a while ago.

Oh my! Look at Jimmy's face. There is chocolate around his mouth.

Ha, ha, ha. We can **put two and two together**. He did it.

比較的新しいイディオム

掲載頁

Act one's age, and not one's shoe size ·········· 8

Alphabet soup ·········· 10

Ballpark figure, a ·········· 20

Cheap and cheerful ·········· 44

Couch potato, a ·········· 46

Eye candy ·········· 60

Have a face for radio ·········· 84

In La-La land ·········· 98

It doesn't take a rocket scientist to do something. ·········· 104

Kick the can down the road ·········· 114

すでにある事実から判断する

チョコレートを探しているんだけど。どこにあるか知らないか？

　　──知らないわ。少し前に椅子の上で見たわ。

おや、ジミーの顔を見てごらん。口の回りにチョコレートがついてるよ。

　　──ははは。分かったわよ。ジミーの仕業だ。

「2と2とを足す」、転じて「既成事実から推し量る」の意味。Put two and two together and makes four ともいう。また put two and two together and make five（とんでもない早合点する）の表現もある（前項参照）。1800 年代の中頃から。

　　　　　　　　　　　　　　　　　　　　　　　　　　　　　　掲載頁

Kick the tires ································· 116

Knee-jerk reaction, a ····················· 116

MIA ··· 134

On a roll ···································· 148

On the same page ························· 152

Push the envelope ························· 166

Smoke and mirrors ························ 190

Smoking gun, a ···························· 190

Someone's legs turn to jelly. ············ 192

Squeaky clean ···························· 194

Take a chill pill ·························· 198

Where's the beef? ························ 222

Wow factor, a [the] ······················ 228

Rain cats and dogs

Oh my, you are soaking wet!

> I ran here in the rain.

You had your umbrella, didn't you?

> Yes, I did, but it was useless. It's **raining cats and dogs**.

Rainbow's end, the

What are you doing here in New York?

> I attend a music academy.

So we are both after **the** same **rainbow's end** after all.

> Let's hope we make it to Broadway someday.

Rank and file, the

I can't believe our company is in such bad shape.

> That information must be labeled "Top Secret."

Why? It needs to be open to everybody.

> Oh no. We have to keep it from **the rank and file**, or some will leave.

Reality check, a

I heard he is getting married.

> I did too. It's about time for **a reality check**.

How?

> I'll ask him directly. We'll be together at the staff meeting.

ひどい雨降り

あれっ、びしょぬれじゃないか。

——雨の中を走って来たので。

傘は持ってたんだろ？

——はい。でも土砂降りで、役に立ちませんでした。

中世、大雨が降ると、通りには猫や犬の死体が多く転がっていたらしい。ほかに、猫からは嵐を呼ぶ魔女を、犬からは北欧では嵐の神オーディンを連想するという。また、大雨の騒がしさを猫と犬の争いにたとえたともいわれる。1600年代の中頃から。

見果てぬ夢

ニュー・ヨークで何をしてるんだね？

——音楽学校に通っているんだよ。

それじゃ、俺たちは共に同じ夢を追い求めているんだな。

——いつか、ブロードウェイで活躍したいね。

Rainbow's end（虹の端）、つまり虹が地面と交わるところに黄金のツボが埋まっていて、探されるのを待っているとの伝説がある。転じて「ありそうにもないこと」を意味するのは1800年代初頭から。Rainbow chaserは「夢追い人」（1800年代末から）。

（管理職でない）一般社員

うちの会社がそんな厳しい状態だなんて、信じられないよ。

——その情報は「トップ・シークレット」扱いにしておかないと。

どうして？みんなにオープンにしたらいいんじゃない。

——だめだ。社員には秘密にしないと。でないと、辞める人も出てくるよ。

兵隊が閲兵などのために、整列した時の形態に由来。Rankは「横の列」でfileは「縦の列」のこと。会社や政党など比較的大きな組織のなかの、幹部職員でない一般の構成員を意味するようになったのは1800年代中頃から。

信ぴょう性を確かめること

彼が結婚すると聞いたけど。

——僕もだ。本当かどうか、確かめてもいいね。

どうやって？

——直接本人に尋ねるよ。担当者の会議で一緒になるんだ。

何かのreality（真実性）を確かめる作業のこと。このほか「（計画したことが）期待通りの結果を生むのかどうかの確認」の意味でも用いられる。アメリカでは1930年代頃からの表現で、広く使われ出したのは1950年代以降。Reality checkingとも。

Recipe for disaster, a

The road is still very wet. Did you hear the weather report?

> Yes. They say it'll be freezing cold with strong winds tonight.

So I need to drive carefully on the way back.

> Yes, weather like this is **a recipe for disaster**.

Red flag, a

Hello? Is this emergency road service? It's my car. I think I smell something burning.

> Is it coming from the engine?

I think it is, yes.

> That's **a red flag**. Stop the engine and step outside. We are on our way.

Red herring, a

He is always talking about how good the economy is.

> That's just **a red herring**.

Well, what is he trying to take our attention away from?

> The territorial problems with other countries.
> That's his sore spot.

Red tape

I am under a deadline, and it's hanging over my head.

> Oh, it's time to pay taxes. We must do it by this weekend.

Yes. I'm thinking about asking them to extend it for a week.

> I wouldn't do that. There will be too much **red tape**.

大変なことになりかねないこと

道は、まだ、かなりぬれているね。天気予報は聞いた？

——うん。今夜は風がひどく、凍てつくほど寒くなりそうだって。

帰りの道は気を付けないと。

——うん。こんな天気では、大変な事故になりかねないしね。

Recipe は「調理法」でなくここでは「秘訣」「原因」で、disaster は「大惨事」の意味。「大変なことになりかねないこと」としては 1950 年代から。Recipe for ～（～の秘訣）は以前からあり、a recipe for happiness（幸福の秘訣）は 1800 年代中頃から。

危険を知らせる信号

もしもし？ 緊急ロード・サービスですか？ 私の車ですが、何か焦げ臭いんです。

——その臭いは、エンジンからですか？

そうだと思います。はい。

——それは危ないですね。エンジンを切って、降りて下さい。すぐ向かいます。

昔、航海中の船が、ほかの船にそこが危険水域であることを、red flag（赤い旗）を掲げて伝えた。この習わしは 1700 年代の中頃に始まり、今では陸上の交通機関などの場面で見られる。イディオムとしての歴史も同じように古い。

注意をそらせるもの

経済がどれほど順調か、彼はそればかり話しているね。

——私たちの注意をそらせようとしているのさ。

何から注意をそらせようとしているんだい？

——ほかの国との領土問題だよ。それをつつかれると、彼は痛いのさ。

Herring（にしん）を干し、塩漬けにしたあと燻製にすると、赤茶色になり独特の強い臭いがあるという。犬を使った狩猟や犯罪者の追跡を妨害しようとする者は、この「赤いにしん」を引きずり回し、犬の嗅覚をかく乱したらしい。1800 年代末から。

ややこしい手続き

締め切りが迫って、そのことが頭から離れないのさ。

——あっ、税金の支払いの期日ね。今週末までにしないとね。

そう。1 週間、延期を申し入れようと考えているんだけど。

——私ならしないわ。手続きがかなりたいへんだよ。

1600 年代、役人は法律文書や書類を red（赤）やピンクの tape（テープ）で束ねる習慣があった。弁護士や官吏の仕事は、法令条目に照らし合わせて行う必要があり、とても煩雑で時間がかかる。比喩的に「煩雑な手続き」の意味では 1700 年代の中頃から。

Rest is history, the

How did Luke and Flora meet each other?

> They chanced to be at the same study meeting.

So that's how it happened.

> Yes, and **the rest is history**. And they started their romance.

Ring a bell

I went to the class reunion, and I met an old friend of mine. His name is Kevin.

> Kevin who?

Kevin Brown.

> That name **rings a bell**, but I can't remember his face.

Rise and shine

Come on, sleepyhead, time to get up!

> Let me sleep one more hour.

One more hour? Are you crazy? **Rise and shine**, or you'll be late.

> Late for what? It's Sunday.

Rock the boat

We will just have to wait and see.

> Do you prefer not to **rock the boat**?

Sort of. That's the best bet for the moment.

> Okay, but we don't want to miss our chance like we did the last time.

後は言う必要はない

ルカとフローラはどのようにして、知り合ったのかね？

　　——たまたま、同じ研究会にいたのさ。

それが事の真相なんだね。

　　——そうだよ。後はご存知の通り。ロマンスはそうして始まったんだよ。

1839 年出版の歴史書にナポレオンについて He had been confined to his chamber...and on the 15th April began making his will... The rest is history（監禁されていて 4 月 15 日に遺書を書き始め、後は言うに及ばず）とあり、この頃から。「後はご存じの通り」の意味。

思い出させる

同窓会に行って、昔の友達に会ったよ。名前はケヴィン。

　　——ケヴィン。苗字は？

ケヴィン・ブラウンだよ。

　　——名前は覚えているけど、顔は思い出せないよ。

「Bell（鐘）を ring（鳴らす）」が文字通り。鐘は日本ならお寺の鐘、西洋なら church bells（教会の鐘）や school bells（学校の鐘）が連想されるのであろう。人々はこの音を聞き、大切な時刻や行事を思い出した。1930 年代から。

さっさと起きなさい

これ、お寝坊さん、起きる時間だよ。

　　——もう 1 時間、寝かせて。

もう 1 時間だって？ どうかしたんじゃない？ さっさと起きなさい。遅れるよ。

　　——何に遅れるんだよ？ 日曜日だよ。

旧約聖書「イザヤ書」（60:1）「Arise, shine, for thy light is come.（起きよ、光を放て。あなたの光が臨み）」から。Rise は「起床する」、shine は磨かれた靴や太陽が「輝く」イメージ。軍隊用語として 1800 年代の後半から。ユーモアを交え一般的に使われるのは 1950 年代から。

波風を立たせる

少し様子を見なければならないでしょう。

　　——波風を立たせないようにする方が、よいということですか？

まあね。さしあたって今はそれが最善の策ですよ。

　　——いいでしょう。でも前回のように、チャンスを逃したくはないですよ。

文字通りなら「ボートを rock（揺らす）」。バランスがとれている均衡状態をあえて破り、ほかの人を困らせている様子。比喩的に「現状に反対する」「（大事な時に）問題を引き起こす」の意味で 1900 年の最初の頃から。Make waves（波を立てる）も同じ意味。

R Roll in the aisles

How did you find the comedian?

> I think he is the best one I
> have ever known.

So do I. He had us **rolling in the aisles**.

> We could hardly breathe, could we?

Run in the family

Have you ever listened to him play the violin? He is just five years old.

> Why yes. It was just remarkable.

As a matter of fact, his father is the concert master of the orchestra.

> Now I know why. **It runs in the family**.

大笑いする

あのコメディアンはどうだった？

──今までで1番だと思うよ。

僕もそう思うよ。おかげで大笑いしたよ。

──本当に息もできないほどだったよね。

Roll（転げる）には、とくに進行形 be rolling about［around］で「笑い転げている」の意味がある。Aisle とは「（劇場や飛行機のなかの座席間の）通路」のこと。笑いすぎて椅子から落ちたのに、まだそこで笑い転げているのである。1910年代から。

受け継いでいる

あの子がバイオリンを弾くのを聞いたことがある？ほんの5歳だよ。

──ほんとにね。大したもんだったよね。

実はね、お父さんはオーケストラのコンサート・マスターなんだよ。

──それで納得だわ。DNA を受け継いでいるんだ。

ここでは run は「（血が）流れている」、つまり「特徴や性質を受け継いでいる」の意味。1700年代の終わりから。ほかに run in the blood（血の中に流れている）（1600年代初めから）や Blood will tell.（血は争えないものだ）（1400年代から）なども。

S

Security blanket, a

My dad always carried an umbrella, rain or shine.

 What was it for?

Something to hang onto, or it got to be a habit.

 I see. It was his **security blanket**. It made
 him feel safe and comfortable.

See eye to eye

The two don't **see eye to eye** with one another on this matter.

 Well, they are always fighting over almost everything.

You may be right. They are like oil and water.

 That's an interesting way of putting it.

Sell like hot cakes

How is your business going? Is your new product selling well?

 Oh, you mean the plastic reflector for bicycles?

Yes. The one you said you got the patent for.

 Thanks for asking. It's **selling like hot cakes**.

Sell someone down the river

He said yes, but what do you think?

 Don't believe him.

You don't think he will keep his promise, do you?

 Well, he **sold his business partner down the river** for money.

S

安心を与えてくれる物

お父さんは、雨が降っていても晴れていても、いつも傘を持っていたよ。
　　──何のため？
体を支えるためか、でなかったら習慣だったのさ。
　　──なるほど。手元にあるだけでよかったんだ。安心できて落ち着けたのさ。

手元にあるだけで security（安心感）があるが、なければ何となく不安になる物が誰にでもある。小さい子どもにとり、それは可愛い絵のある blanket（毛布）かもしれない。「手元にあるだけで、何となく落ち着く物」の意味として 1940 年代から。

同じ意見である

この件に関して、2 人はお互いに意見が一致しないようだな。
　　──あのね、いつも喧嘩ばかりしているのよ。
そうだね。まるで 2 人は水と油みたいなものさ。
　　──なかなかおもしろい言い方をするわね。

2 人が eye to eye、つまり顔と顔とを付けるようにして、隣合わせで座っているのである。よほど意気投合しているのであろう。転じて「考えが同じだ」という意味で 1600 年頃から。旧約聖書「イザヤ書」（52:8）「彼らは目と目と相合わせて」が直接の由来。

飛ぶように売れる

ご商売はいかがですか？新しい製品はよく売れていますか？
　　──自転車用のプラスチックの反射板のことですか？
はい。特許権を取られたとおっしゃっていた物です。
　　──おかげさまで、飛ぶように売れています。

チャーチ・セール（教会の運営費を捻出するためのバザー）やチャリティなどの催し物会場のほか、各種のイベントの会場で、よくホット・ケーキが販売される。焼いている暇もないほど、次から次へと売れている様子から。1800 年代の前半から。Go like hot cakes とも。主に進行形で。

〜を裏切る

彼は了解したと言ったが、どう思う？
　　──彼の言うことは信じるな。
約束は守らないと思うんだな。
　　──あのね、彼は自分の共同経営者を、金めあてに裏切ったんだ。

The river はミシシッピー川のこと。1808 年、アメリカでは奴隷貿易が禁止されたが、以降も北部の州では奴隷を労働力として、下流の南部の州へ sell（売る）慣習がしばらく続いた。一般に、権力や金を得るために「〜を裏切る」の意味で 1830 年代から。

Separate the sheep from the goats

How long will it be before you learn to **separate the sheep from the goats**?

> That question seems crazy.

Why do you say so?

> There are no universal standards for that.

Shoot the breeze

We'll be staying at the cottage this weekend. Why don't you come with us?

> The one you were telling me about?

Yes, it's right in the middle of lots of nature.

> Great! Nothing beats **shooting the breeze** in forest trees.

Shot in the dark, a

Guess whom I'm meeting for dinner tonight.

> Francis.

Awesome. How did you know that?

> It was **a** complete **shot in the dark**.

Show one's true colors

I hate to disappoint you, but...

> What is this about?

Someone told me he has no intention of supporting us after all.

> Well, he said he would. Now, that figures. He has finally **shown his true colors**.

善と悪とを区別する

いつになったら、善と悪とを区別できるようになるんだい？

　　——その質問は、ばかげているよ。

どうしてなんだい？

　　——その基準は時代によって場所によって変わるから。

新約聖書「マタイによる福音書」（25:32）、羊飼いが羊と山羊を separate（分ける）場面から。聖書では stray sheep（迷える羊）や scapegoat（贖罪の山羊）のように、羊は加護され、山羊はけん責を負うもので、両者は善と悪の象徴。1950 年代より。「優れたものを選ぶ」の意味も。

たわいない話をして過ごす

この週末、コテッジで過ごすんだけど、一緒に来ないか？

　　——前に話していたところ？

そう、自然にいっぱい囲まれていてね。

　　——いいね！森の木に囲まれて、のんびりと話をするに限るよね。

Breeze は「そよ風」で、shoot は「～にさっと流す」の意味。まるで風に乗るように、心地よく会話が進むイメージ。あるいは shoot を「～に銃弾を放つ」と考えるなら、遊び半分に銃をそよ風の中に撃っている感じ。1920 年代から。

あてずっぽう

今晩、夕食で誰に会うか当ててごらん。

　　——フランシス。

すごいね。なぜ分かったんだ？

　　——全くの、あてずっぽうさ。

文字通りは「暗やみでの発砲」。やみ雲に撃っても標的に当たらない。比喩的に「試みても成功する見込みのないこと」。映画『A Shot in the Dark （闇夜でドッキリ）』（1964 年）がアメリカで制作されたが、イディオムとしては 1800 年代の終わりから。

本性を現す

がっかりさせたくは、ないんだけどね。

　　——何なんだ？

なんと、彼には私たちを支持する意思は全くなさそうだよ。

　　——えっ、するって言ったのに。それで分かった。とうとうヤツは本性を現したか。

Colors は「船舶旗」。昔はこれで敵味方を判断した。海賊船はまず、偽の旗を掲げて他船に接近し、最後に one's true colors（本来の旗）である the Skull and Crossbones （海賊旗、つまりどくろと大腿骨の旗）を掲げ襲撃を始めた。1700 年代後半から。

Silver lining, a

I don't know what to do with my future.

> Well, it's not as bad as it might seem. Look at the **silver lining**!

Silver lining? Even in my helpless situation?

> Oh yes. So keep your head up.

Sing a different song [tune]

This morning the governor said he wouldn't support the project.

> No way! He promised he would a week ago.

Exactly! I can't believe he **sang a different tune** like that.

> I can't either. What's the big idea?

Sit on the fence

Which side are you going to vote for in the next election?

> We need some more information to decide that.

Like what?

> Well, their stances on health insurance. I'll **sit on the fence** for a while.

Six of one, half a dozen of the other

Have you decided which of the two to take?

> Not yet. It seems they are **six of one, half a dozen of the other**, though. I can't decide.

Then, why don't you toss a coin?

> That's a good idea.

希望の光

私の将来をどうすればよいのか分かりません。

——でも、思っているほど厄介なことでもないですよ。希望の光も見てごらん。

希望の光って？私のような、どうすることもできない状況でも、ですか？

——はい、気持ちを取り直して。

「Silver（銀色）の lining（裏地）」が文字通り。心配や不安の象徴とされる cloud（雲）も、裏側は陽の光で銀色に輝いている、という諺 Every cloud has a silver lining. が直接の由来。Silver lining が慣用句として使われたのは 1600 年代から。

態度を一変する

今朝、知事はその計画を支持しないと言ったんだ。

——ばかな！１週間前には、すると約束したんだよ。

その通り。あんなに違った態度を取るなんて信じられないよ。

——私もだよ。何を考えているのやら。

中世、ヨーロッパ各地を回って詩歌を詠唱した吟遊楽士（minstrel）が、同じ歌でも行く先々で違った歌詞で歌ったことに由来。「違った song（歌）を歌う」が文字通りだが、比喩的「（以前に言ったこととは）違った態度を取る」の意味。1800 年代末から。

様子をうかがう

次の選挙では、どちらに投票しますか？

——それを決めるには、もう少し情報が必要なんです。

たとえばどんな情報？

——そうですね。健康保険に対する両方の考え方とか。しばらく、様子を見ます。

隣接する土地の境界にあるのが、木柵、鉄柵、石垣などの fence（塀）。この上に座って両方の情勢をうかがい、どちらの側につこうか様子見している。転じて「結論を先延ばしにして、少しでも有利な状況が来るのを待つ」こと。1800 年代初期から。

両方とも似たりよったり

２つのうち、どちらにするか決めましたか？

——まだです。でも、似たりよったりですね。決めかねているんです。

じゃ、コインを投げて決めてはいかがですか？

——いい考えですね。

２つのグループに分けられた品物があり、one（一方の）グループから 6 つ取っても、the other（他方の）グループから half a dozen（半ダース）取っても数量は同じ。すなわち「いずれの選択肢を取っても大差がない」の意味。1800 年代前半から。

Skating on thin ice

He didn't show up for the class this morning, did he?

> No, he didn't, and he came late last week.

He really is **skating on thin ice** with the professor.

> He should know better, shouldn't he?

Skeleton in someone's closet, a

I would have thought he would be elected.

> Everybody would have. But the scandal broke out.

Oh yes. There's no one without any **skeletons in their closet**, you know.

> Well, it couldn't have come at a worse time.

Sky is the limit, the

There's the pitch. He hits it...deep...into center field...and it's GONE.

> That's awesome. This makes his thirty-first homerun, right?

Yes, amazing! We're just halfway through the season.

> **The sky seems to be the limit** for him this year.

Sleep like a log [rock, top]

You really had a busy schedule yesterday, didn't you?

> I really did. I came home exhausted.

Did you have a good night's sleep?

> Oh yes. I **slept like a log**. Now I feel refreshed, like a different person.

S

危ないことをしている

今朝、彼は授業に現れなかったんだろ？

　　——来なかったよ。先週も遅刻したしね。

先生を相手にヤバイことをしているよ。

　　——ばかなことをしていては、いけないよね。

池や川の thin ice（薄氷）の上で、スケートするものでない。氷が割れて冷たい水の中にはまるのが関の山。思想家 R. エマソン（1803-82）の In skating over thin ice our safety is in our speed.（危ない橋を渡るには、素早くするのが身のため）（1841 年）が最初。

人に知られたくない～のよくないうわさ

彼が、選挙で選ばれると思っていたけどね。

　　——誰もがね。でも、スキャンダルが発覚したんだ。

そうなの。誰にだって他人に知られたくないことはあるんだけどね。

　　——でも、最悪のタイミングだったよね。

昔、skeleton（死後、長期間を経て白骨化したもの）が closet（押入れ）で発見されたのが由来とするほか、医者が不法に所持していた骨格の標本が発覚したことから、とする説もある。いずれにせよ、1800 年代初期からの表現。当時は遺伝性と疑われていた病を意味したという。

制限がない

ピッチャー、投げました。打ちました。大きい、センター、大きい、入りました。

　　——お見事。これで 31 号ホームランですね？

ええ、驚きです。まだシーズン半ばですよ。

　　——今シーズンの彼は、止まるところがないようですね。

Sky（空）は果てしなく続く。「果てしなく続く空が limit（制限）だ」というこの表現は、人間の欲望、情熱、能力、可能性さらに経済的な生産活動や消費意欲に制限がないことのたとえ。日常生活のあらゆる場面で使用される。1920 年から。

ぐっすり眠る

昨日は、本当に目の回るようなスケジュールだったね。

　　——ええ、本当にそうでした。帰宅するとぐったりでした。

よく眠れましたか？

　　——はい。ぐっすり寝たので生き返って別人のような気分です。

Log（丸太）、rock（岩）、top（コマ）。これらの共通点は、どれも動かずじっとしているイメージ。コマは高速で回転している時は、静止した状態になる。人がぐっすり寝ている時も同じ。Sleep like a log は 1600 年代終わりから、rock、top はそれより新しい。

Slip on a banana skin

Did you watch the news on TV yesterday?

> No, I didn't.

The newscaster's hairpiece fell off when he looked down.

> He really **slipped on a banana skin**, didn't he?

Smell a rat

Someone I know by chance asked me to do something.

> What is it?

He asked me to go to the bank and withdraw some money for him.

> Whoever he is, stay out of it. Don't you **smell a rat**?

Smoke and mirrors

Did you hear the news on the scandal?

> Yes, but it's the same old story.

Right. I think those involved will just give us a lot of **smoke and mirrors**.

> Well, it'll be different this time. The corruption is quite unheard of.

Smoking gun, a

Are there further developments in the drug investigation?

> Well, Captain, we've been searching everywhere, but without finding any **smoking gun** so far.

Not a single piece of evidence?

> No, sir. They might've destroyed the stuff.

失態を演じる

きのうテレビでニュースを見ましたか？

——いいえ。

ニュース・キャスターが下を向いた時に、かつらが落ちてしまってね。

——とんだドジを踏んだんだね。

Banana skin（バナナの皮）だけでも「失態」の意味があり、政治家や官僚について新聞、雑誌などで使われた。漫画や喜劇で、人がバナナの皮で slip（滑って）転んで、笑いものになるという場面はよくある。1900 年代当初から。イギリスでは slip on a banana peel ともいう。

何か変だと思う

ふとして知り合った人から、あることを頼まれてね。

——何だね？

代わりに銀行へ行って、お金を引き出してくれないかって言うんだよ。

——だれか知らないけど、止めておけ。何か変だと思わないか？

Rat（ねずみ）を探している猫の姿から。臭いを smell（嗅ぎつけた）が姿は見えず、不可解な面持ちであたりをうかがっている様子。Rat race（いたちごっこ）など、もともと rat は嫌がられ、好ましくないイメージがある。1500 年代の中頃から。

いろいろな、ごまかし

スキャンダルのニュースを聞いたかね？

——うん、でも今に始まったことでもないよ。

そうだね。当事者はごまかして、うやむやに終わらせるんだろう。

——でもね、今回は違うと思うよ。今回の汚職は前代未聞よ。

ろうそくを使った幻灯機に smoke（煙）、mirrors（鏡）で細工し、幻影を漂わせる仕掛けが考案され（1700 年代後半）、これを死者の霊とするペテン師もいたという。「人を惑わせたり、欺いたりする行為」として 1970 年代から。

動かぬ証拠

麻薬の捜査にさらに進展はあるのか？

——それが警部、あらゆる所を捜査していますが、今まで何の証拠もありません。

1 つもないのか？

——その通りです。ヤツら、ブツを処分したのでしょう。

「煙の出ている拳銃」が文字通り。無煙火薬を使っても、発砲すると少量の煙は出るもの。これが銃を発射した「決定的な証拠」となる。1970 年代から。当時、R. ニクソン大統領（1969-74）を辞任に追いやったウォーターゲート事件の報道で使われた。

S

Someone's eyes are bigger than their stomach.

Here, have some ice cream.

> No, no more, thank you. I am stuffed, really.

We have a saying that goes, "You have another stomach for sweets."

> But I served myself too much. **My eyes are bigger than my stomach**.

Someone's legs turn to jelly.

I hated to tell her the bad news, but I had to.

> How was she? I hope she didn't get upset.

Well, I could almost see **her legs turn to jelly**.

> You could have sugarcoated it.

Song and dance, a

He came late this morning again.

> What did he say the reason was?

He said he couldn't get his car started because of the dead battery.

> That's the same **song and dance** that he gave last time. Who believes it?

Sour grapes

Tom applied for admission to the university, and he was the only one from our school who failed to get in.

> I didn't know that.

Can you imagine what he said? He said, "I didn't want to enroll in that university after all."

> **Sour grapes**. That's like him.

食べ過ぎてお腹が一杯

さあ、アイスクリームを召し上がれ。

——いいえ、もう結構。ありがとう。もうたくさんいただいたよ。ほんとに。

「甘い物には、別腹がある」って言うよ。

——でも充分にいただきすぎて、お腹が一杯。

食べてお腹が一杯になり、思わず丸めた目が stomach（胃）より大きくなったという誇張表現。食べ物だけでなく「一度に多くのことを抱え込み手いっぱい」の意味もある。1500 年代の終わりから。Stomach の代わりに belly（腹）を使うことも。

足がガタガタと震える

彼女にあの悪い知らせを伝えたくなかったんだが、しかたなかった。

——で、彼女はどんな様子だった？ 取り乱さなかったらいいだけど。

あのね、足が震えるのが見えるようだったよ。

——ストレートに言わずに、やんわりと言ってもよかったのに。

Jelly（ゼリー）は果汁に砂糖やゼラチンをまぜて作った物。柔らかく形が不安定で少しの振動でも左右に動く。これを驚きや恐怖のため、足が震える様子になぞらえている。運動をしすぎて足がガクガクになった時にも使う。1980 年代以降。

言い逃れ

彼は今朝、また遅れて来たよ。

——理由は何だと言ったのかね？

バッテリーが上がって車が動かなかったと言ってたよ。

——前回と同じ、苦しい言い訳だよね。だれも信じないよね。

アメリカではラジオも映画もない 1800 年代後半、song（歌）、dance（踊り）、曲芸、パントマイムを取り入れたボードビルという大衆娯楽があった。この芸人の派手な仕草が由来。「大騒ぎ」さらに、「言い逃れ」という意味で 1800 年代後半から。

負け惜しみ

トムが大学に出願していてね、彼 1 人だけよ、この学校から入れなかったのは。

——そいつは知らなかった。

彼、何て言ったと思う？「だって、あの大学に行きたくなかったもん」だとさ。

——負け惜しみか。あいつらしいな。

イソップ寓話「狐と grapes（ぶどう）」から。高い枝にぶどうが実っている。狐は取ろうと思うがどうしても届かない。苦しまぎれに「あんなの sour（酸っぱい）からね」と負け惜しみを言うのである。1500 年代から。

S

Spill the beans

I am planning a birthday party for him next week.

> Should it be a secret?

Oh yes. I want to surprise him. Don't **spill the beans** to him.

> I won't. Is there anything I can help you with?

Square peg in a round hole, a

We were just about to sign the big business deal.

> Well...don't tell me!

Yes, my secretary made some silly remarks at the last minute.

> As I said, your secretary is **a square peg in a round hole**.

Squeaky clean

I had a very high opinion of him.

> Well, what was your image of him before his scandal came out?

I thought he was **squeaky clean**.

> No one is as perfect as they seem.

Start off on the wrong foot

How was your first day at work?

> Well, I got to the office a bit too late...

So did you miss the president's welcoming speech?

> Yes. I really **started off on the wrong foot**. It won't happen again.

（不用意に）秘密をもらす

来週、彼にバースデー・パーティーを計画しているんだけど。

——秘密にしておくの？

もちろんよ。驚かせたいと思っているの。彼に言っちゃいけないよ。

——言わないよ。何かお手伝いすることある？

Spill には「こぼす」のほかに「秘密をもらす」の意味がある。古代ギリシャでは秘密結社への新入会員の入会の是非は、会員が白（是）か黒（非）の豆を壺に入れ、その数で決めたという。数える前に豆がこぼれてしまったのである。1910 年代より。

不適格な人や物

もう少しで、その大きな商談にサインをするところだったんだが。

——どうしたんだ、まさか？

そうなんだ、土壇場で、僕の秘書がばかなことを言ってね。

——言っただろ、君の秘書は適任じゃないって。

Round hole（丸い穴）には、丸い peg（杭）が本来の姿。そこに square peg（四角い杭）を打とうとしている。はなはだ不適切な状態。「（仕事や地位に）向いていない人」という意味で1800 年代中頃から。A round peg in a square hole とも。

完全無欠な人格者

私は彼のことを高く評価していたんですよ。

——それでスキャンダルが出る前は、どんなイメージを持っていたのですか。

何の欠点もない完璧な人だと思っていました。

——外目に見えるほど完璧な人なんていませんよ。

家具やガラス製品など磨いて clean（きれいに）して、布や手でこするとキーキーという音がする。この音がオノマトペ（擬音語）としての squeak。文字通り「全く汚れていない」、さらに 1970年代からは比喩的に「完全で何の欠点もない」として使われる。

最初につまずく

仕事に行った最初の日は、どうだった？

——あのね、少し遅れて行ったんだけど…

ということは、社長さんの歓迎のスピーチは聞けなかったのか？

——うん。最初からつまずいてしまったよ。これからは、気を付けるよ。

「違った足で踏み出す」が文字通り。隊を組んで行進し始める時や、皆でダンスを始める時、ほかの人と wrong foot（違う足）で踏み出す様子。「最初につまずく」として 1920 年代から。人との関係で使われることが多い。Start off on the right foot（出だしが順調だ）とも。

Steal a march

Agent Cat, can you hear me? This is Agent Dog.

Yes, this is Agent Cat. Mission completed. What's next?

Gather intelligence on the terrorists and **steal a march** on them.

Mission accepted.

Step on the gas

Driver! Are we almost at the station?

We'll be there in fifteen minutes. Should I **step on the gas**?

No, I've got plenty of time.

Maybe we'll get there sooner than that.

Straight from the horse's mouth

Do you know anything about who is taking over from Mike in the office?

Yes, Susie.

Good grief. Are you sure?

I heard it **straight from the horse's mouth**. Keep it a secret for the time being.

Stumbling block, a

How is their business going?

Rather slow lately.

What is the major **stumbling block**? A lack of funds?

That must be it. I hear the banks are refusing to loan money.

先手を打って優位に立つ

課報員キャット、応答せよ。こちら課報員ドッグ。

　　——はい、こちら課報員キャット。任務完了。次は何か？

テロリストの情報を入手して、先手を打て。

　　——任務了解。

中世、march は「1 日の行軍の距離」。この距離から敵軍の到着時間を計算し、あらかじめ闇に紛れて味方を進軍させておき、敵が着くと同時に奇襲する作戦を取った。「先手を打つ」という意味で 1700 年代後半から。

アクセルをふかせて加速する

運転手さん！もうそろそろ駅ですか？

　　——15 分で到着ですよ。急いだほうがいいですか？

大丈夫です。時間は充分にあります。

　　——おそらく、それよりも早く着くかもしれません。

Gas は「ガソリン」のこと。The gas として自動車のアクセル・ペダルを意味し、step on the gas として「踏み込んでスピードを速める」を意味するのは 1910 年代から。Hit the gas あるいは step on it などともいう。

本人の口から直接聞いた

会社で誰がマイクの後を引き継ぐのか、何か知ってる？

　　——うん、スージーだよ。

やれやれ。確かなこと？

　　——本人の口から直接聞いたわよ。しばらくの間は秘密にしておいてね。

馬の年齢は歯を見るとおおよそ分かるので、いくらごまかしても mouth（口）のなかを見ると一目瞭然。転じて、自分の情報がその源から直接聞いたもので、正確だということを、おかしく表現したイディオム。1920 年代から。

問題点

彼らの商売はどんな具合だね？

　　——最近は芳しくないね。

1 番の問題点は何なんだ？ 資金不足か？

　　——そうに決まってるさ。銀行が融資を断わったって聞いたよ。

新約聖書「ローマ人への手紙」（14:13）「あなたがたは、妨げとなる物や、つまずきとなる物（stumbling block）を兄弟の前に置かないことに、決めるがよい」から。1500 年代から。聖書の原典を英訳した W. ティンダル（1494-1536）の造語。

Take a chill pill

I've had sleepless nights worrying too much about exams.

Oh, take it easy. Anyway, when are your exams?

Two months from now.

Two months. That's ages. Mary, you need to **take a chill pill**.

Take someone to the cleaners

I went to a bar downtown and had a terrible time.

What happened?

They charged me one-hundred dollars for just a mug of beer.

I've never heard anything like that. You really **got taken to the cleaners**.

Take something with a grain of salt

She says her son can play the piano and the violin very well.

Well, that's very hard to believe.

She also says she is a good speaker of English and Chinese.

Now listen. **Take what she says with a grain of salt**.

Take the bull by the horns

Did you hear that Mike said he would take the difficult job?

Oh yes, actually that was what we thought he would do.

It looks like he is really serious about helping out our company.

Well, it's like him to **take the bull by the horns**, isn't it?

冷静になる

試験が心配で、このところ眠れないのよ。

——まあ、ゆっくりして。とにかく、試験はいつなんだい。

2か月後なの。

——2か月。随分先の話だね。メアリー、頭を冷やしたら。

Chill は「冷たい」で pill は「錠剤」のこと。Chill pill と韻を踏ませ、1980 年代に入り明らかになった ADHD（注意欠陥・多動性障害）の治療薬を、こう呼んだ。後に take a chill pill で「頭を冷やす」として使用され始めた。

〜から法外なお金を取る

繁華街のバーへ行って、ひどい目にあったよ。

——どうしたんだ？

ビールをジョッキに1杯飲んで、100ドル請求されたんだ。

——そんなの聞いたことがないよ。ほんとうにぼられたね。

Clean 〜 には「〜をきれいにする」のほか「〜から金を巻き上げる」の意味もある。Take 〜 to the cleaners が「（嘘を言ったり暴行したりして）〜から金品をだまし取る」「〜をひどい目にあわせる」としては 1900 年代に入ってから。

割り引いて〜を聞く

彼女は、自分の息子はピアノとバイオリンが、とても上手だと言ってるよ。

——そんなの、信じられないな。

それに、自分は英語と中国語をじょうずに話せると言ってるんだ。

——いいかい、彼女の話は割り引いて考えないとね。

料理に a grain of salt（少量の塩）を加えると解毒効果があるとした古代ローマ人の考えに由来するとの説。また塩を少し加えると、食べ物がよりおいしくなるように、ばかげた話ももっともらしく聞こえるので、とする説も。1600 年代の中頃から。

勇気をもって難局に挑む

マイクがその難しい仕事を引き受けるって言ったこと、聞いたかい？

——うん。でも、ほんとはね、彼ならすると思っていたことなんだ。

会社を救おうと、強い決心のようだよ。

——そうだね、勇気をもって挑戦するのは、彼らしいね。

闘牛士は赤い布で牛を興奮させ槍を刺し、牛が弱ると horn（角）を持ち地面に倒す。またアメリカのロデオや、1800 年代半ばまでイギリスにあった bull-running（通りに牛を放し追いかける行事）からという説も。1700 年代初期より。

T

Take the weight off your feet

Hi, I'm home.

> So how was your day at work?

I was running around all day. Oh, my legs are tired!

> Come on. **Take the weight off your feet**. Let me put the kettle on.

Talk the talk and walk the walk

How do you like your new boss?

> He seems to be a nice, sensible person.

So do you think he is the kind of person who **talks the talk and walks the walk**?

> Well, I hope so.

Talk through one's hat

Is it just me or was she talking nonsense?

> Well, I felt exactly the same way. She didn't even know what she was babbling about.

That way, no one will believe her.

> No. She was just **talking through her hat**.

Talk turkey

Now so much for joking around. I'm afraid we don't have much time.

> Not so fast. We haven't seen each other for ages.

Right, but maybe we should **talk turkey** first.

> Okay. How much money do you need for the project?

お座りなさい

今、帰ったよ。

——で、今日、仕事はどうだった。

一日中、走り回っていたよ。ああ、足がだるい。

——まあ、腰を下ろして。お茶でも入れましょう。

「Feet（足）から（足で支えられている）weight（体重）を取り除いてあげなさい（そして足を楽にさせてあげなさい）」が文字通り。相手の体重の重さを皮肉ってはいない。「腰を下ろして楽にしなさい」と言っているだけ。1930 年代から。

言うことを言い、することをする

新しい上役は、どう？

——いい人みたいだね。それに訳の分かった人みたいだし。

じゃ、言うことを言い、することをするっていうタイプの人だと思うんだね？

——そうだといいね。

Talk the talk は「言葉巧みに話す」のことだが、「実質味がない」というニュアンスを伴うこともある。1900 年代の初めから。Walk the walk は「（あるイメージに）ふさわしい行いをする」という意味で、それより 20 年ほど後から使われ始めた。

ナンセンスなことを言う

彼女は訳の分からないことを、言っていたと思うけど、私だけなの？

——いいえ、私も同感よ。彼女、自分の言っていることが自分で分かっていないわ。

あれでは、誰も彼女の言うことを信じないよ。

——ほんとにね。ナンセンスのことを言っただけ。

アメリカ第 23 代大統領 B. ハリソン（1889-93）が選挙運動中、高くて上が丸い hat（帽）をかぶって話をしたという。これを見た反対陣営は、彼が言うことは要領を得ないと皮肉り、この表現を使ったのが始まり。1800 年代の終わりから。

本題に入る

冗談はこれくらいにしよう。悪いけど、あまり時間がないので。

——そんなに急がなくてもいいだろ。何年も会ってなかったんだから。

そうだよ。でもまず本論に入らないか。

——分かった。で、その事業にいくらお金がいるんだい？

アメリカがまだ植民地の頃、白人とインディアンが狩りに出た。獲物を分ける時、白人は言葉巧みにおいしい七面鳥を自分に、ほかを相手に分けようとした。インディアンはすぐ Talk turkey to me. と言って反論したという。「本題に入る」「本気で言う」として 1840 年頃より。

T

That makes two of us.

Christmas is coming very soon. I can't wait.

> **That makes two of us**. Our favorite time of the year is almost here.

Are you ready for it? What are you wishing for?

> I'm wishing for a pretty girlfriend.

That will be the day.

Do you think he will win the election?

> No. **That will be the day**. He is making too many empty promises.

Like what?

> He says he is going to double the national income in a matter of two years.

That's the way the ball bounces.

I can't believe it. I got an F in History.

> Oh! I know you attended every class and worked so hard.

Clare skipped classes, but she still passed.

> Well, **that's the way the ball bounces**.

There's no free lunch.

I have a chance to visit Japan with my job.

> That's nice. You can travel and enjoy gourmet food at the company's expense.

Oh no, life isn't so easy. I have to give presentations on the new products.

> I see. Well, **there's no free lunch**, I guess.

私もそうです

クリスマスはもうすぐだね。待ちきれないよ。

——僕もだ。1 年でいちばんの時がもうそこだもの。

準備はできたの？何をお願いするの？

——僕は可愛いガールフレンドをお願するよ。

「（あなたが私と同じように考えるなら）私とあなたで 2 人になる」が文字通りで「私も同じ意見だ」という意味。1950 年代から使われている。さらに That makes three of us.（そう考えるのは私を含めると全部で 3 人になる）なども使われる。

それは起こり得ない

彼は、選挙に当選すると思いますか？

——いいえ。それはないね。口先の約束をしすぎるよね。

どんなのですか？

——ほんの 2 年で、国民の所得を倍増するって言ってるじゃないか。

That will be the day worth waiting for.（その日が来るといいね）が、全く反対の「そんな日は来るわけない」という皮肉の意味で使われ、さらに最後の部分が省略された。1910 年代から。もともとオーストラリア、ニュー・ジーランドで使われ始めた。

人生ってそんなもんさ

信じられるかよ。歴史で不合格だった。

——毎回授業に出席して、一生けん命勉強してたのにね。

クレアは授業をさぼってばかりで、それでいて合格したよ。

——人生ってそんなもんさ。しかたないよ。

「ボールはそのように bounce（はねる）」。ことの自然の成り行きを皮肉っぽく表現している。That's the way the cookie crumbles.（文字通りなら「クッキーは、そのように砕けるのさ」）も同意。Ball と bounce、cookie と crumble、韻を踏む。1950 年代、アメリカから。

ただなんて物はない

仕事で日本へ行く機会があるんだ。

——いいね。会社の経費で旅行して、おいしい料理も楽しめるし。

人生、そんなに甘くないよ。新商品のプレゼンをしないといけないんだよ。

——なるほど。ただなんて物はない、ということだね。

Free lunch だけでは「無料の昼食」。「ただで手に入る物」として 1800 年代の前半から。居酒屋の宣伝文句が由来とされる。広く使われ始めたのは、1976 年にノーベル経済学賞を受賞した、アメリカ人 M. フリードマンがこの表現を使って以来。

There's not enough room to swing a cat.

I just hate this small, old apartment.

　　It doesn't look so bad to me.

Actually, **there's not enough room to swing a cat**. Not even space to stretch my legs.

　　We could do that in the park.

There's safety in numbers.

What time are you leaving the library for the dormitory this evening?

　　At about eight. Why?

Can I walk home with you? **There's safety in numbers**.

　　Sure! Actually, I was thinking the same thing.

Throw the baby out with the bath water

He says they're looking to replace the whole system.

　　Stupid! Is anything wrong with it?

No, some things are really working well.

　　Then why are they going to **throw the baby out with the bath water**?

Tickle someone's funny bone

He is a pleasant personality. He is always telling jokes.

　　You know, his father was a stand-up comedian.

Oh, I didn't know that. Like father, like son, right?

　　Right! He really knows how to **tickle our funny bones**.

とても狭い

こんな窮屈な古いアパートはいやだよ。

　　──私には、そんなにひどくは見えないけどね。

本当に狭苦しいんだよ。足を伸ばすところもないよ。

　　──足を伸ばすのは公園でできるじゃない。

「猫を振り回す room（空間）がない」が文字通り。猫を袋に入れて振り回し、これを標的にして弓の練習をしたことに由来するとの説。また cat-o'-nine-tails という処罰用のムチが英国海軍に1800 年代末まであり、これを cat と呼んだことから、とする説もある。1700 年代後半から。

1人より大勢の方が安全

今日は何時に図書館を出て寮へ向かうの？

　　──8 時くらいだけど、どうして？

一緒に帰ってもいい？ 1 人で帰るより安心だし。

　　──もちろん。実は私も同じことを思っていたのよ。

もともと、ラテン語には Defendit numerus（数には安全がある）という諺があり、これが英語でも使われた。兵隊が敵と争っている場面。味方の人数が多ければ、それだけ気丈夫に戦えるというイメージ。英語では 1500 年の中頃から。

大切な物を不要な物と一緒に捨てる

彼はシステムを全部、取り換えると言ってるよ。

　　──ばかな。何か不都合でもあるのかね？

いいえ。うまく機能している部分もあるよ。

　　──じゃあ、どうして、それも、一緒になくしてしまうんだろうね？

ドイツ語の表現が 1850 年イギリス人歴史家 T. カーライルにより英語に翻訳され、それが 1900 年代に入り一般化した。Baby（赤ちゃん）にお湯を使わせてから bath water（残り湯）（不要な物）を捨てる時、赤ちゃん（大切な物）までも一緒に捨ててしまうのである。

～を笑わせる

彼は愉快な性格の人ですね。いつも冗談ばかり言ってる。

　　──あのね、彼のお父さんは、はなし家なんだよ。

そいつは知らなかった。血は争えないね。

　　──そうだよ。人の笑わせ方を心得てるよ。

上腕骨 humerus の異名は、内側の下部を tickle（軽くたたく）と「妙な」感じがするので、funny bone（文字通りは「妙な骨」）。また funny bone の別の意味は、上腕骨が humorous（滑稽な）と同発音なので、「ユーモアのセンス」。Tickle には「くすぐる」意味も。1800 年代初めから。

T

Tie up loose ends

How was the meeting with the vice president?

It was friendly.

So did you reach some kind of agreement?

Almost. There still seem to be a few **loose ends to tie up**, though.

To beat the band

The weather's just wonderful, right?

It's hard to believe there was such a storm last night.

Oh, yes. It was blowing **to beat the band**.

And the sound was terrifying.

To the bitter end

I have made up my mind to get medical qualifications.

How long will it take?

At least eight years after I enter medical school.

You really have to work hard at it all the way **to the bitter end**.

Toe the line

Henry doesn't seem happy about our new dress code.

He doesn't? There doesn't seem to be anything wrong with it.

Well, it has to do with having to wear a coat and tie in this hot weather.

Tell him to **toe the** company **line** to keep his job. That's his only choice.

未解決の問題をまとめる

社長代理との会合はどうだった？

──なごやかな雰囲気でした。

で、何らかの合意はできたのかね？

──ほぼ。まだ解決しないといけない 2、3 の問題はあるようですが。

Loose ends とは「解けて、ぶらぶらしたロープの端」のこと。本来は結ばれているはずのロープが解けると、思わぬ支障が出ることになる。それどころか、作業のじゃまにもなりかねない。そうならない前に tile up（端を結んでおく）必要がある。1800 年代の中頃から。

勢いよく

素晴らしい天気ですね。

──昨夜のあのような荒れた天候は信じられませんね。

そうですね。風がすごかったですね。

──それに音も恐ろしかったです。

「band（楽団）に beat（勝る）」が文字通り。パレード全体を見たいので、先導する楽団を抜かそうと疾走するイメージ。または、にぎやかな楽団をしのいで物事が起こっている様子から。Be crying [talking] to beat the band などとも。1800 年代の終わりから。

あきらめずに最後まで

医師の資格を得ようと心に決めています。

──何年かかるのかね？

医学部へ入ってから、少なくても 8 年ですよ。

──辛抱強く、とことん打ちこんで頑張らないとね。

船を岸壁などにつなぎとめるために、船の甲板にある bitt と呼ばれる支柱と、陸側とをロープで結んで固定する。この支柱側のロープの end（端）を bitter end と呼んだ。To the bitter end（最後の最後まで）という表現は 1800 年代の中頃から。

仕方なく規則に従う

ヘンリーは新しい服装の規則が、気に入らないようです。

──そうなのかね？　何も具合の悪いところはないと思うんだが。

こんなに暑いのに、上着とネクタイをする必要についてです。

──首にならないためにも、社の規則に従うように言えよ。そうするしか仕方ない。

徒競争などでは、各走者は starting line（スタート・ライン）に toe（つま先）を置き出発の合図を待つ。これは誰もが否応なしに従わねばならないルール。比喩的に「しぶしぶ言いつけに従う」という意味で 1800 年代の初めから。

T

Too many cooks

Why did you decide to pull out of the research team?

> So far nothing has worked, has it? Can you imagine what might happen next?

No, I can't. I don't know what your point is.

> You know, **too many cooks**. The staff needs to be small.

Turn over a new leaf

He's not what he used to be.

> What a change in him! He's stopped smoking and hanging out late at night.

Seems like he saw fatherhood as a chance.

> Yes indeed, a chance to **turn over a new leaf**.

Turn the tables (on someone)

How have you been getting along with Mr. Rich since then?

> Well, I **turned the tables on him** recently.

So now, you are his boss.

> Yes. He is not pushing me around anymore.

船頭多くして船山に登る

どうして、研究チームから身を引くことにしたんだい？

──今まで、何も成果が出ていないよね。次に何が起こるか分かるかね？

分かりませんね。言われていることが分かりません。

──だって、人が多すぎるのさ。スタッフの数は少なくていい。

1500 年代からの諺 Too many cooks spoil the broth.（料理人が多すぎると、かえってスープがまずくなる）から。Broth は「肉や野菜の入ったスープ」。料理する人がそれぞれ異なった調味料を加え、かえってまずくなるイメージ。Broth の代わりに soup（スープ）を使うことも。

心機一転する

彼は昔の彼とは、もはや違うよ。

──すごく変わったね。煙草もやめて、夜遅くまで出歩くこともなくなったし。

父親になったことがきっかけになったようだね。

──そうだね。心機一転するきっかけにね。

Turn over は「（本のページを）めくる」で、ここでは leaf は「葉」でなく「（本やノートの）ページ」。ノートの新しいページをめくると真っ白で気分が一新する。今までとは違ったことをするにも意欲が増す。これが、このイディオムの由来。1500 年代から。

（〜との）立場が変わって、今度は優位になる

いかがかな、その後、リッチ氏とは？

──あのね、最近、彼とは立場が変わってね。

じゃあ、今は、君が彼の上司か？

──そう、もう彼は、僕にひどいことはしないさ。

ボード・ゲームで同じ相手と再度、対戦する時、盤を 180 度回転させたり、盤はそのままで席を代わったりする。チェスの場合は、先手の白は女王の駒の右側に王の駒を置くが、後手の黒は配置が逆になり、公平性を保つため。1600 年頃から。

U

Under the knife

I haven't seen him around for some time. Is anything the matter with him?

He is in the hospital.

What's wrong?

He had acute stomach pains, and he was **under the knife to** remove his gallbladder.

Under the weather

If someone comes by, tell them I'm out.

Where are you going?

Mom just called, and it looks like she is **under the weather**.

Oh yes, she had a bad cough. Call me when you get there.

University of life, the

She wasn't well educated, but she started her business in her twenties.

Who taught her everything?

Well, **the university of life**.

Oh yes, she spent some years working different jobs in many places.

Until the cows come home

What a cold spell! I wonder when it will be over.

It seems as if it will last **until the cows come home**.

For how many days?

About one month, I think.

外科手術を受ける

お父さんをしばらく見ていませんが、何かありましたか？

　　──入院していてね。

どうしたのですか？

　　──ひどい腹痛があって、胆嚢を取り除く手術をしたんですよ。

Knife に the をつけて「外科手術の器具」、さらに「外科の手術」そのものを意味するようになったのは 1800 年代後半から。Be under the knife のほかに、go under the knife や die under the knife（手術中に亡くなる）などともいう。

体の調子がよくない

もし誰かが来たら、いないと言っておいて。

　　──どこへ行くんだ？

今、お母さんが電話してきて、体の調子がよくないらしいの。

　　──そう言えば、ひどい咳をしていたな。着いたら電話くれる。

Under the influence of bad weather（悪天候の影響を受けて）は通常の表現。これが航海中など、荒天下での人体への悪影響を意味する表現として特化したのが、このイディオム。「酔っている」「金に困って」の意味も。1850 年頃から。

実生活から得た経験

彼女は充分な学歴がないのに、20 代でビジネスを始めたんだよ。

　　──誰がいろんなことを教えたんだい？

経験しながら学んだのさ。

　　──そうだったね。何年間もあちこちで、いろんな仕事をしてたよね。

正規の学校教育ではなく、社会経験を通して得た知識のこと。より実践的で現実の生活や商売に役立つというニュアンス。充分な教育を受けることなく、社会で成功した人について使う。1800 年代の中頃から。おもにイギリスで。

とても長い間

寒い日の連続だね。いつになったら終わるんだろうね？

　　──随分と長びきそうだよ。

あと何日くらい？

　　──1 か月ほどだろうね。

Cow（乳牛）の歩き方は、実にゆっくりしている。牧草地からの帰り道も、まさに道草を食いつつ、ゆっくり時間をかけて come home（帰宅する）、つまり牛小屋へ戻る。牧歌的な田園風景がこの表現の背景。「とても長い間」の意味で 1700 年代中頃から。

U Up the creek without a paddle

Don't forget the hibachi for the barbecue next month.

> What's that? Oh, you mean what we use for cooking things outdoors?

That's right. We'll be **up the creek without a paddle** if we don't have one.

> Okay. Remind me about it nearer the time.

コラム Idiom

イディオム・ジョーク①

What do we call a kangaroo that likes spending time doing nothing?
> A pouch potato.

What is the shortstop going to have for dinner after he dropped the ball?
> Fumble pie.

From when did you get itchy eyes?
> From scratch.

Where did they go when they got married?
> They really went to town on their wedding.

Why was Yoda such a good gardener?
> He has a green thumb.

Why was the sewing machine so amusing?
> It kept everyone in stitches.

Why was the skunk sent to the hospital?
> It was the doctor's odors.

窮地にある

来月のバーベキューに、「ヒバチ」を忘れないように持って来てください。

——何なの、それ？ あっ、外で料理するのに使う物ね？

そう。なかったら、どうしようもないから。

——その時が近付いたら、また言ってね。

Creek とは海岸沿いにある「入江」。もともと up salt creek という表現があった（salt creek は「入江」）。こんなところで手漕ぎボートやカヌーに乗っていて、オールや paddle（パドル）を失くしてしまうと、さあ大変。アメリカで 1900 年代初めから。Up the creek だけでも使用される。

	ヒント	掲載頁

Couch potato, a「だらだらとテレビばかり見ている人」 ·········· 46
　　Pouch（小袋、有袋類の袋）と couch の言葉遊び。

Eat humble pie「恥ずかしく思う」 ····························· 58
　　Fumble（落球する）と humble の言葉遊び。

From scratch「最初から」 ··································· 68
　　Scratch には「（かゆい所を）掻く」意味も。Itchy は「かゆい」。

Go to town (on something)「思う存分（〜を）する」 ·········· 80
　　文字通りは「町にでかける」の意味。

Have a green thumb「園芸の才がある」 ················· 86
　　Yoda（ヨーダ）は Star Wars の緑色の人物。

Have someone in stitches「〜を笑わせる」 ············· 90
　　Stitch には「ひと縫い」の意味も。

Just what the doctor ordered「おあつらえ向きのもの」 ········· 110
　　Skunk の放つ odor「悪臭」と order の言葉遊び。

V Vote with one's feet

How did the audience like his talk show?

Well, some were looking at their watches.
Better than beginning to shake them to see if
they didn't stop.

Oh come on, but some **voted with their
feet** and they left one by one.

コラム Idiom

イディオム・ジョーク②

What is the last thing the office girl wants to have as a present?
A pink slip.

Why is the snake the smartest animal?
No one can pull its leg.

What do you say to someone struggling to open their parachute?
The earth is the limit.

How do you have a skeleton laugh aloud?
Tickle its funny bone.

What are a crowd of librarians complaining about?
Too many books.

What is the easiest trick to teach a parrot?
To talk in the park.

Why does my wife hate to wear a wig on in the house?
She wants to wear the pants instead.

場を離れることで不満を表す

お客さんは、彼のトーク・ショーでどんな様子でしたか？

　　──そうですね、時計を気にしている人もいました。

止まってないか確かめようと、時計を振り始めるよりはましだね。

　　──おいおい。でも何人かは嫌になり会場を出たよ。1 人また 1 人とね。

ショーや音楽会が期待外れの時、あるいは講演者の主義や主張に賛同しない時、聴衆は退席し vote（自分の意思を表示）する。もちろんその時は feet（足）で歩いて、その場を去る。反対に「賛同を示すために会場に足を運ぶ」の意味で使うことも。1960 年代から。

ヒント	掲載頁
Pink slip, a 「解雇通知」	160
文字通りなら「ピンク色のスリップ」の意味。	
Pull someone's leg 「〜をからかう」	166
Snake には leg はない。	
Sky is the limit, the 「制限がない」	188
Earth（地面）は sky に対する言葉。	
Tickle someone's funny bone 「〜を笑わせる」	204
Skeleton は「骨格の標本」の意味。	
Too many cooks 「船頭多くして船山に登る」	208
Books と cooks の言葉遊び。	
Walk in the park, a 「たやすいこと」	216
Talk と walk の言葉遊び。Parrot は talk が得意。	
Wear the pants 「主導権を持つ」	218
Wig（かつら）も pants も wear（身に着ける）もの。	

Wait on someone hand and foot

Do you see the lady over there? She will take care of you until you get well.

> The one in light blue?

Yes. But you don't want her to **wait on you hand and foot**.

> Okay. I'll try to do as much as possible myself.

Wake up and smell the coffee

I used to have a wild dream of becoming a movie star in those days.

> What did you do about it?

Well, I had some auditions and failed them all.

> And that made you **wake up and smell the coffee**, right?

Walk in the park, a

How was the summer school you attended?

> Well, it wasn't **a walk in the park**.

Did you have much course-work to do?

> You bet. Almost every day, but it was worth it.

Wash one's dirty linen in public

How is Dad's drinking problem?

> It seems to be getting worse, I'm afraid.

Is there anyone we can turn to for advice?

> I'm thinking about it. But let's not **wash our dirty linen in public**.

何から何まで〜の世話をする

向こうにいる女性が見えますか？よくなるまで、あなたの介助をしてくれます。

　　──水色の服の人ですか？

そう。でも、何から何までやってもらえませんよ。

　　──はい、できるだけ自分でするようにします。

Wait on 〜 は「〜に仕える」「〜の世話をする」など。Hand and foot は、昔、使われた handmaid（女中）、footman（従僕）から。日本語でも「手となり足となり」という表現がある。「付きっきりで〜の世話する」などの意味で 1800 年代の初めから。

現実を直視する

あの頃は映画スターになろうという、とんでもない夢を見ていたわ。

　　──それで、どうしたの？

あのね、オーディションを受けたんだけど全部、不合格だったの。

　　──それで、現実を見つめるようになったのね。

1943 年、アメリカの新聞紙上で、ある人生相談欄の連載が始まった。約 50 年間続いたが、回答者の Ann Landers がむちゃな考えをする人に「現実を直視しなさい」の意味で、この表現を使い諭したのが始まり。この相談欄は日本の英字新聞でも連載された。

たやすいこと

あなたが受けた夏期講習はどうだった？

　　──簡単じゃなかったよ。

コース・ワークがたくさんあったのか？

　　──その通りさ。ほとんど毎日ね。でも、それだけのことはあったよ。

文字通り、公園を暇にまかせて散歩する様子。ゆっくりと時間が流れ、至福のひと時を満喫できる。1930 年代からアメリカで使われ始めた表現。Easy as pie や a piece of cake も同じ意味。No walk in the park（ちっとも簡単なことでない）など否定語と共に使うことも。

内輪の恥を人に言う

お父さん、まだ酒ばっかり飲んでるの？

　　──ますますひどくなっているようね。

誰か、相談する人はいないの？

　　──今、考えているの。でも、こんな恥ずかしいことを外で言っちゃダメよ。

フランス語から。1815 年、ナポレオンが流刑地を脱出しパリへ戻った時、これを引用し「私が誤ったことをしたにせよ、私を非難すべきでなかった。内輪の恥は公言するな」と言ったとされる。Linen はここでは「下着」。Dirty linen は「内輪の恥」。英語では 1800 年代の中頃から。

W Wear the pants

Who **wears the pants** in your family?

> What do you think?

You've given me the impression it is you who make the final decisions, right?

> Oh no. Actually it's my wife.

Weather the storm

Now, that also raises another problem.

> What's that?

He's got too much to do as it is.

> Well, how can we **weather the storm** without his resources?

Wet blanket, a

He is shouting, "Time's up. Party's over."

> Yes, I heard that.

The party's still going strong. He's so strict about time, isn't he?

> Yes, he's such **a wet blanket**. I wish he was more generous.

What planet is someone on?

Did you see our new math teacher?

> The one who is always in pink?

Yes. And you know what? He lives in a pink townhouse.

> **What planet is he on?**

主導権を持つ

あなたの家ではだれが物事を決めますか？

——あなたはどう思いますか。

私の持っている印象では、最終的な判断をするのはあなたですね？

——いいえ違います。実際は家内です。

文字通りは「pants（ズボン）をはいている」。昔、女性はスカートを着用し、ズボンは男性の持つ社会的な権威の象徴。女性が「亭主を尻に敷く」という意味で 1800 年代末から。それ以前は 1500 年代中頃から wear the breeches の表現があった。Breeches は「ひざ丈のズボン」。

困難を乗り切る

でも、それはそれで、また別の問題がある。

——それはどんな問題だね。

彼は、すでに仕事をいっぱい抱えているよ。

——でも、彼の才能を借りないと、難局を乗り切れないだろ。

Storm（悪天候）のなか、船が無事に帰港した様子。昔は装備も不充分で、航海するのも命がけ。文字通りの「悪天候を乗り切る（out を伴い）」としては 1600 年代からあるが、比喩的に「危機を抜ける」という意味では 1800 年代に入って。

興ざめさせる人

「時間が来た。パーティーはおしまい」って、彼が叫んでいるよ。

——私にも聞こえたよ。

パーティーはまだ盛り上がってるのに。時間にうるさいんだから。

——ほんとに、興ざめさせる人だな。もっと、寛大だといいのにね。

野外でキャンプした残り火を、素早く確実に消す方法は wet blanket（ぬれた毛布）を上にかぶせること。転じて「（みんなが楽しんでいるのに）その場の雰囲気をしらけさせる人」。1800 年代の初めから。

一体〜は何者か？

僕たちの新しい数学の先生を見た？

——いつもピンク色の服を着ている人？

そうだ。それに知ってる？ピンク色のしゃれた家に住んでるんだよ。

—— 一体、どういう人なんだい。

Planet（惑星）は 1700 年代後半から「現実から遊離したもの」の意味でも使われている。「一体〜は何者か？」として What planet is 〜 on ?や What planet does 〜 come from ?が使われるのは 1950 年代以降だが、それ以前にも多くの類例がある。

What's cooking?

What's that noise?

> It's David again. What's he doing this time?

Maybe fighting his stuffed dinosaur or something?

> There it goes again. Let me go upstairs and see **what's cooking**.

What's the damage?

Did you enjoy the food at our place?

> Oh yes, it was just to our taste.

We are very happy to hear that. What about the interior we've just redone?

> Beautiful! Now **what's the damage**?

Wheels within wheels

The police are still trying to decide who killed the manager, aren't they?

> Yes. So far they haven't any clues.

As to the motives as well?

> Right. There seem to be **wheels within wheels**.

When pigs fly

Do you know his whereabouts?

> Yes, I do. He's happily married and living with his family in Boston.

Will he come back to this small town someday?

> **When pigs fly**, he will.

どうしたんだ？

あの音は何だ？

——またデービッドだわ。今度は何をしてるんでしょう。

縫いぐるみの恐竜さんと、戦っているんだろう。

——また、音がしたわ。上がって、何をしているのか見て来ましょう。

この表現は、アメリカで 1940 年代から使われ始めた。単に What's up？や What's happening？（どうしているんだ、何事なんだ）の意味でも使われる。もともと cook には「自分の都合のよいように、数字や事実を歪曲する」の意味が 1600 年代からある。

お支払いはいくらですか？

私たちの店の料理は、楽しんでいただけましたか？

——ええ、口に合いましたよ。

そう言ってもらえると、うれしいです。やり替えた内装は、いかがですか？

——いいですね。で、お勘定はいくらになりますか？

ここでは the damage（被害）は、その人の持つ資金力にとっての「被害」。比喩的に、買った商品などに対して支払う「代金」のことで、この例は 1700 年代中頃から。何となくおどけながら、支払いの金額を尋ねているのである。

外から見えない複雑な事情

誰が経営者を殺害したのか、警察はまだ決めあぐねているようだね。

——そうさ。今のところ何の手がかりもない。

動機についてもかね？

——そうだ。複雑なことがあるようだが。

旧約聖書「エゼキエル書」（1：16）が直接の由来。超人的存在で天使ともされるケルビムは「4 つのものは同じ形で、その作りは、あたかも、輪（wheel）の中に輪があるようである」（つまりそれほど複雑な）という物体に助けられ、どの方向にも即時に移動したとある。1600 年頃から。

そんなのあり得ない

彼の居場所を知ってる？

——知っているよ。結婚してボストンで、家族と幸せに暮らしているよ。

いつかこの小さな町に戻ってくるの？

——そんなの考えられないよ。

1600 年代からの表現 pigs fly in the air with their tails forward（豚がしっぽを前にして空を飛ぶ）が直接の由来。豚が短い尾を前にして空を飛ぶことはあり得ない。When pigs have wings、pigs will fly when 〜、wait for pigs to fly など類似の表現が多い。

Where's the beef?

How was his speech?

> That was a lot of fun, but there was no substance in it.

Was the content so poor?

> It really was. **Where's the beef**?

Where's the fire?

Oops! Sorry, Dad.

> **Where's the fire**? You almost hit me.

I'll be late for the train.

> Slow down! Why don't you take the next one? You've got plenty of time.

Whistle in the dark

He looks like the picture of health, doesn't he?

> Not exactly. He has some kind of health problem...a serious one.

He does? He looks better than ever.

> Well, confidentially, he's just **whistling in the dark**.

White elephant, a

What is that tower for?

> They built it to celebrate the city's thirtieth anniversary.

It must have cost a lot of money.

> That's for sure. But now it's nothing but **a white elephant**.

実体はどこにあるのか？

彼のスピーチはどうだった？

　　──なかなか愉快だったけど、中身がなかったよ。

内容はそんなに、お粗末だったのか？

　　──全くそうだよ。たいしたものは何もないよ。

「beef（牛肉）はどこにあるのか、牛肉はないじゃないか」が文字通り。とくに政治論議で「中身のない」という意味で使われる。アメリカのハンバーガーのチェーン Wendy's の CM で、婦人がほかの会社の商品を見て、Where's the beef? と叫ぶシーンがあった。1984 年のこと。

そんなに急いでどうした？

おっと。ごめん、お父さん。

　　──そんなに急いでどうしたんだ？もう少しで当たるところだったよ。

電車に遅れちゃうよ。

　　──ゆっくりしたら。次のに乗ればいいじゃないか。充分に時間はあるだろ。

火事現場に行く消防士の言葉 Where's the fire?（火事はどこだ？）が、比喩的に What's your hurry?（そんなに急いでどうした？）の意味で使われた。速度違反を見つけた警官が、運転者によく使うのが、この表現だという。1920 年代から。

平常心を装う

彼は健康そのもののようですね。

　　──そうでもないの。健康上の問題をかかえているのよ。それも重大なものをね。

ほんと？すごく元気そうなのに。

　　──あのね、ここだけの話だけど、何もないように平静を装ってるだけ。

「Dark（暗がり）のなかで whistle（口笛を吹く）」が文字通り。暗くて恐ろしいのに、あえて口笛を吹き鳴らして、やせ我慢をしているのである。転じて「（恐ろしさや心配ごとがあるのに）強がりをしてみせる」の意味。1930 年代から。

維持するのが大変な物

あの塔は何のためにあるんですか？

　　──市の 30 周年の記念にと、建てられたんだよ。

随分とお金がかかったんだろうにね。

　　──そうだよ。今となっては厄介な代物だよ。

昔、タイやビルマの権力者は white elephant（白象）を大切に育てた。白象は繁栄の象徴であり、死ぬとその家の没落を意味したからだ。一方、飼育には費用がかさんだので、王は気に入らない家臣に白象を贈り、一族の弱体化をねらった。イディオムとして 1800 年代中頃から。

Whole new ball game, a

The chief editor seemed to hope to publish a travelogue of Europe.

Yes, and we carefully discussed the possibility.

Is that because it is **a whole new ball game** putting together a book like that?

Exactly, but we decided to work on it.

Whole nine yards, the

Hello, it's Mom. Why don't you come over for dinner next Sunday?

Okay, we will be very happy to.

Dad says he is going to cook a full-course dinner, **the whole nine yards**.

That will be great. Thank Dad in advance.

Wiggle room

Mike wants you to let him know if you are coming to the party or not.

I would like to come, but I may have a visitor coming to see me.

For now, tell him you are coming. That way you could have some **wiggle room**.

Okay. I will do that.

Win hands down

That movie is an Oscar nominee.

Yes, and it heads the list of the nominations.

Look at the profit it has made. It is a record high.

Yes, it's awesome. It will **win hands down**.

全く新しい状況

編集長はヨーロッパの旅行記を出版したいようだったけど。

——はい。それで、その可能性を念入りに話し合いました。

そんな本をまとめるのが、初めてだからですか？

——そうですよ。で、私たちはそれに取り組むことにしました。

もともとアメリカには、1940 年頃から It's a new ball game. という表現があった。Ball game は一般に「球技」だが、ここではサッカーでも、バスケットボールでもない。やはり野球の試合。実況中継のアナウンサーが使い始めたという。A different ball game も同じ意味。

何から何まで

もしもし、お母さんだけど、次の日曜日、夕ご飯を食べに来ない？

——いいよ。喜んでいくわ。

お父さんがね、全部、料理すると言ってるわ。フル・コースよ。

——すごいね。よろしく言っておいて。

「まるまる 9 ヤード」が文字通り。スーツを仕立てるのに 9 ヤードの服地が必要だったという説や、建築業界で使われたセメントを混ぜる容器の最大容積が 9 立方ヤードであったとの説もある。1900 年の初めの頃からアメリカ中西部で使われ始めたという。

(計画などを)後に変更できるように余裕を持たせておくこと

マイクは君がパーティーに参加するかどうか、知らせてほしいと言ってるよ。

——行きたいんだけど、お客さんがくるかも。

とりあえず、行くと言っておけば。後で、変更できるし。

——そうだね。そうするよ。

Wiggle は「左右、上下に細かく動く」、room は「空間」「余裕」。転じて「（計画などを立てる時に）後で変更できるよう前もって持たせておく余裕」のこと。また There is wiggle room for varying interpretations.（さまざまな解釈の余地がある）の使い方も。1940 年代から。

楽々勝つ

あの映画はオスカーの候補だよ。

——そうさ。ノミネーションのリストの 1 番にあがっているんだ。

これまでの記録的な興行収益をごらんよ。

——そうだよ。すごいね。あの映画なら、楽々、受賞だろうな。

騎手がレースで勝利を確信すると、今まで引いていた手綱を思わず緩め hands（手）を down（下）に下ろし優勝の気分に浸る。「楽勝する」の意味で 1800 年代の前半から。Win in a walk も同意。Walk は馬術でいう並足のことで「並足で勝つ」が文字通り。

With flying colors

How was the exam?

> Thanks. I passed it **with flying colors**. Actually, I got the highest grade.

Congratulations! That was the written exam, wasn't it? What's the next one?

> The practical one. It's in a month.

Without rhyme or reason

Did you look at her paper?

> I did. I think the conclusion needs to be revised.

Well, what seems to be the trouble?

> It is **without rhyme or reason**.

Won't break the bank

May I help you?

> Yes, please. We are planning our honeymoon trip next spring.

Well, do you have a special place in mind?

> Not exactly. May I have a brochure of destinations that **won't break the bank**?

World is someone's oyster, the

She graduated from the best university.

> And she is the first cousin once removed of the last president.

Really, I wish I had been born under a lucky star like she was.

> **The world is her oyster** any way you look at it.

好成績で

試験はどうだった？

——ありがとう。好成績で合格したよ。実はトップだったんだ。

よく頑張ったね。それは筆記試験だったよな？次は、どんなの？

——実技試験で、1か月先だよ。

ここでは fly は「（旗などが）風になびく」、colors は「軍旗、船舶旗」のことなので「軍旗をなびかせ」が文字通り。軍用艦が海戦に勝利して、船舶旗、軍旗、国旗など色とりどりの旗をなびかせ、威風堂々、誇らしげに母港に帰還するイメージ。1600年代後半から。

まったく筋道が通っていない

彼女のレポートを見てくれましたか？

——見ましたよ。結論は書き直す必要がありますね。

えっ、どこに問題がありますか？

——支離滅裂ですよ。

韻（rhyme）の効果や論理（reason）の展開を考えて、文を作ることは重要なこと。もともとこれらの要素がない文章のことを指したが、一般に「筋道が通っていない」として1500年代から。さらに「（人が）常識や分別がない」としてでも使われる。

予算の範囲の

いらっしゃいませ。

——お願いします。来年の春、新婚旅行を予定しているんですが。

是非、行きたいと思われるこれといった場所はありますか？

——いいえ、とくに。予算に合った行き先のパンフレットをいただけますか。

Break は「破産させる」で、the bank はここでは「胴元」つまり「賭博の親元」。賭博場で客が多額のお金を勝ち、場を取り仕切る胴元を破産に追いやることを break the bank といった。これに not を加え「懐が痛まない」として1600年代から。

世界は〜のためにある

彼女は最も優秀な大学を卒業したんだよ。

——それに、前の社長のいとこの娘なんだよ。

ほんとか、彼女のような幸運な星のもとに生まれたかったよ。

——どう見たって、世界は彼女のためにあるようなものだね。

海で何もせず、じっとしているだけで oyster（牡蠣）が真珠を生み出すように、何もせず財産を手にできるイメージ。シェークスピア『ウィンザーの陽気な女房たち』（1602年）（2幕2場）に ...the world's mine oyster.（原文）（世の中、どう転んでも俺様の物さ）から。

Wow factor, a [the]

Did you go to the city cultural event?

> I did. They said they had a record turnout. Why didn't you come?

I wanted to, but I had something else to do. How was it?

> Just great! There were a lot of **wow factors**.

Writing on the wall, the

I didn't imagine the company would go bankrupt.

> You didn't? I saw **the writing on the wall**.

Did you? What did you realize?

> The stock price was going down. Now it's at an all-time low.

素晴らしい物

市の文化イベントへ行ったの？

　──行ったよ。記録的な人出だったということよ。どうして来なかったの？

行きたかったんだけど、ほかにすることがあってね。どうだった？

　──よかったよ。面白い出し物がいっぱいでね。

Wow！（ワッ！）は驚きや、喜びを表す感嘆詞なので「あっと言わせるような factor（要素）」が文字通りの意味。一般的に「素晴らしい物」として使用されるのは1980年代から。Wow はもともと16世紀からスコットランドで使われていた。

よくないことが起こる兆し

会社が倒産するとは想像していなかったよ。

　──していなかったって？　その兆しはあったじゃないか。

あったのか？どんな兆しに気付いたんだい？

　──株価が下がっていたよ。今はこれまでの最安値だよ。

「壁に書いてあるもの」が文字通り。旧約聖書「ダニエル書」（5:5-30）が直接の由来。ベルシャザール王の宮殿の壁に突然どこからともなく指が現れ、やがて王国が滅びると記した。後でそれが真実となり、王は殺され国は滅亡する。1700年代前半より。

イディオム一覧

[A] Accident waiting to happen, an ······································· 8
     Ace in the hole, an ··· 8
     Across the pond ··· 8
     Act one's age, and not one's shoe size ························· 8
     Albatross around someone's neck, an ·························· 10
     All at sea ··· 10
     All thumbs ·· 10
     Alphabet soup ·· 10
     Another kettle of fish ·· 12
     Any way you slice it ·· 12
     Apple never falls far from the tree, the ······················ 12
     Apple of someone's eye, the ····································· 12
     Arm and a leg, an ·· 14
     Armchair critic, an ·· 14
     Armed to the teeth ·· 14
     As a rule of thumb ··· 14
     As the crow flies ··· 16
     At loose ends ·· 16
     At the drop of a hat ··· 16
     At the eleventh hour ·· 16
     At the end of one's rope ··· 18
[B] Back to square one ··· 20
     Bad apple, a ·· 20
     Ballpark figure, a ·· 20
     Ball's in someone's court, the ··································· 20
     Bark up the wrong tree ··· 22
     Barrel of laughs, a ·· 22
     Batten down the hatches ··· 22
     Be cooking (with gas) ··· 22
     Be my guest ·· 24
     Beat around the bush ··· 24
     Behind [at] the wheel ··· 24
     Behind the eight ball ··· 24
     Bells and whistles ··· 26
     Bird in the hand, a ·· 26
     Birds of a feather ·· 26
     Bite the bullet ··· 26
     Bite the dust ··· 28
     Blow hot and cold ·· 28
     Blow [toot] one's own horn ·· 28
     Branch out ·· 28
     Break the ice ··· 30

Bring down the house ·········· 30
Bring home the bacon ·········· 30
Buck stops here, the ·········· 30
Bucket list, a ·········· 32
Buckle down ·········· 32
Burn a bridge ·········· 32
Burn the candle at both ends ·········· 32
Burn the midnight oil ·········· 34
Bury one's head in the sand ·········· 34
Bury the hatchet ·········· 34
Busman's holiday, a ·········· 34
Buy a pig in a poke ·········· 36
By hook or by crook ·········· 36
By the skin of one's teeth ·········· 36

[C] Cabin fever ·········· 38
Call it a day ·········· 38
Call someone on the carpet ·········· 38
Can of worms, a ·········· 38
Canary in a coal mine, a ·········· 40
Can't hit a barn door ·········· 40
Can't make heads or tails of something ·········· 40
Carry coals to Newcastle ·········· 40
Carry the ball ·········· 42
Carry the day ·········· 42
Catch [be bitten by] the bug ·········· 42
Catch-22 (situation), a ·········· 42
Cheap and cheerful ·········· 44
Close but no cigar ·········· 44
Close shave, a ·········· 44
Cock-and-bull story, a ·········· 44
Come out of the woodwork ·········· 46
Cook someone's goose ·········· 46
Couch potato, a ·········· 46
Could eat a horse ·········· 46
Cream of the crop, the ·········· 48
Creature comforts ·········· 48
Crocodile tears ·········· 48
Cross that bridge when one comes to it ·········· 48
Cry for the moon ·········· 50
Cry over spilled milk ·········· 50
Cut one's teeth (on something) ·········· 50
Cut the mustard ·········· 50

[D] Deer [rabbit] in the headlights, a ·········· 52
Deliver the goods ·········· 52
Dice are loaded, the ·········· 52
Dog and pony show, a ·········· 52
Done and dusted ·········· 54
Down a [the] rabbit hole ·········· 54

Down the drain · 54
Drama queen, a · 54
Draw the short straw · 56
Dress rehearsal, a · 56
Dressed to kill · 56
Drop the ball · 56

[E]   Eat humble pie · 58
Eat one's hat · 58
Elbow grease · 58
Elephant in the (living) room, the · · · · · · · · · · · · · · 58
Eye candy · 60

[F]   Face the music · 62
Faster than you can say Jack Robinson · · · · · · · · · · 62
Feather in someone's cap, a · · · · · · · · · · · · · · · · · · · 62
Feather one's nest · 62
Feel a lump in one's throat · · · · · · · · · · · · · · · · · · · 64
Feel something in one's bones · · · · · · · · · · · · · · · · · 64
Feet of clay · 64
Fifth wheel, a · 64
Fit the bill · 66
Fly by the seat of one's pants · · · · · · · · · · · · · · · · · 66
Fly in the ointment, a · 66
Fly off the handle · 66
Fly on the wall, a · 68
For the birds · 68
Forty winks · 68
From scratch · 68
From soup to nuts · 70
From the word go · 70

[G]   Game-changer, a · 72
Garden-variety · 72
Get a kick out of something · · · · · · · · · · · · · · · · · · 72
Get bent out of shape · 72
Get cold feet · 74
Get down to brass tacks · 74
Get off scot-free · 74
Get someone's goat · 74
Get the ax · 76
Get the wrong end of the stick · · · · · · · · · · · · · · · · 76
Get up on the wrong side of the bed · · · · · · · · · · · 76
Give a (clean) bill of health · · · · · · · · · · · · · · · · · · 76
Give someone the boot · 78
Give something a thumbs-up · · · · · · · · · · · · · · · · · 78
Go against the grain (with someone) · · · · · · · · · · · 78
Go over like a lead balloon · · · · · · · · · · · · · · · · · · · 78
Go the (full) distance · 80
Go the extra mile · 80
Go to town (on something) · · · · · · · · · · · · · · · · · · · 80

	Grasp at straws	80
	Gravy train, the	82
	Guinea pig, a	82
[H]	Hand to mouth	84
	Have a ball	84
	Have a face for radio	84
	Have a finger in every pie	84
	Have a frog in one's throat	86
	Have a green thumb	86
	Have a lot of irons in the fire	86
	Have a lot on one's plate	86
	Have a whale of time	88
	Have an ax to grind	88
	Have bigger fish to fry	88
	Have butterflies in one's stomach	88
	Have [get]egg on one's face	90
	Have someone in stitches	90
	Have two left feet	90
	Heads or tails	90
	Hear about something through the grapevine	92
	Hide one's light under a bushel	92
	Hindsight is twenty-twenty	92
	Hit one's stride	92
	Hit the hay [sack]	94
	Hit the nail on the head	94
	Hold your horses!	94
	Hot potato, a	94
[I]	Icing on the cake, the	96
	If the shoe fits, wear it.	96
	In [on] the cards	96
	In a goldfish bowl	96
	In black and white	98
	In La-La land	98
	In someone's book	98
	In spades	98
	In the bag	100
	In the driver's seat	100
	In the limelight	100
	In the middle of nowhere	100
	In the pipeline	102
	In the same boat	102
	In two shakes (of a lamb's tail)	102
	Ins and outs, the	102
	It doesn't take a rocket scientist to do something.	104
	It takes two to tango.	104
	It's (a case of) the tail wagging the dog.	104
	It's all Greek to me.	104
	It's an ill wind.	106

[J]   Jazz something up 108
      Jump on the bandwagon 108
      Jump ship 108
      Jump the shark 108
      Jury is (still) out, the 110
      Just what the doctor ordered 110
[K]   Keep one's eyes peeled 112
      Keep one's fingers crossed 112
      Keep one's nose to the grindstone 112
      Keep something under one's hat 112
      Keep the wolf from the door 114
      Keep up with the Joneses 114
      Kick the bucket 114
      Kick the can down the road 114
      Kick the tires 116
      Kick up one's heels 116
      Knee-jerk reaction, a 116
      Knight in shining armor, a 116
      Knock someone's socks off 118
      Know one's onions 118
      Know the ropes 118
      Know which side of the bread is buttered 118
[L]   Labor of love, a 120
      Last straw, the 120
      Laundry list of something, a 120
      Lay an egg 120
      Lead someone down [up] the garden path 122
      Leave no stone unturned 122
      Leopard can't change its spots, a 122
      Let one's hair down 122
      Let the cat out of the bag 124
      Like a bull in a china shop 124
      Like a headless chicken 124
      Like chicken scratches 124
      Like shooting fish in a barrel 126
      Like turkeys voting for Christmas 126
      Like water off a duck's back 126
      Lion's den, the 126
      Lip service 128
      Little bird told me, a 128
      Lock, stock and barrel 128
      Long shot, a 128
      Low man on the totem pole, (the) 130
      Low-hanging fruit 130
[M]   Make a beeline for something 132
      Make a last-ditch effort 132
      Make a mountain out of a molehill 132
      Make ends meet 132

Make no bones about something · 134
Make someone's day · 134
Memory like [of] an elephant, a · 134
MIA · 134
Mickey Mouse · 136
Miles away · 136
Mind one's P's and Q's · 136
Miss the boat · 136
Monday morning quarterback, a · 138
Monkey business · 138
Monkey on one's back, a [the] · 138
Mother of all somethings, the · 138
Music to someone's ears · 140
My two cents · 140

[N]   Nip it in the bud · 142
No bed of roses · 142
No dice · 142
No picnic · 142
Not hold a candle to someone · 144
Not in the same league · 144
Not need a crystal ball · 144
Not out of the woods yet · 144
Not someone's cup of tea · 146
Nuts and bolts (of something), the · 146

[O]   Off the cuff · 148
On a roll · 148
On cloud nine · 148
On one's soapbox · 148
On pins and needles · 150
On someone's tail · 150
On the ball · 150
On the fly · 150
On the same page · 152
On the tip of someone's tongue · 152
On the wagon · 152
Once in a blue moon · 152
Out of the blue · 154
Over a barrel · 154
Over the hill · 154
Over the moon · 154

[P]   Pack rat, a · 156
Packed like sardines · 156
Paint the town red · 156
Parachute into · 156
Part of the furniture · 158
Pass the hat (around) · 158
Pay through the nose · 158
Pick up the tab · 158

Pie in the sky ⋯⋯⋯⋯⋯⋯⋯⋯⋯⋯ 160
Piece of cake, a ⋯⋯⋯⋯⋯⋯⋯⋯⋯⋯ 160
Pink slip, a ⋯⋯⋯⋯⋯⋯⋯⋯⋯⋯ 160
Pipe down ⋯⋯⋯⋯⋯⋯⋯⋯⋯⋯ 160
Pipe dream, a ⋯⋯⋯⋯⋯⋯⋯⋯⋯⋯ 162
Play (it) by ear ⋯⋯⋯⋯⋯⋯⋯⋯⋯⋯ 162
Play a waiting game ⋯⋯⋯⋯⋯⋯⋯⋯⋯⋯ 162
Play musical chairs ⋯⋯⋯⋯⋯⋯⋯⋯⋯⋯ 162
Poles apart ⋯⋯⋯⋯⋯⋯⋯⋯⋯⋯ 164
Pot calling the kettle black, the ⋯⋯⋯⋯⋯⋯⋯⋯⋯⋯ 164
Press the panic button ⋯⋯⋯⋯⋯⋯⋯⋯⋯⋯ 164
Proof of the pudding is in the eating, the ⋯⋯⋯⋯⋯⋯⋯⋯⋯⋯ 164
Pull a rabbit out of the hat ⋯⋯⋯⋯⋯⋯⋯⋯⋯⋯ 166
Pull someone's leg ⋯⋯⋯⋯⋯⋯⋯⋯⋯⋯ 166
Pull the wool over someone's eyes ⋯⋯⋯⋯⋯⋯⋯⋯⋯⋯ 166
Push the envelope ⋯⋯⋯⋯⋯⋯⋯⋯⋯⋯ 166
Put it in a nutshell ⋯⋯⋯⋯⋯⋯⋯⋯⋯⋯ 168
Put [lay] one's finger on something ⋯⋯⋯⋯⋯⋯⋯⋯⋯⋯ 168
Put one's foot in it ⋯⋯⋯⋯⋯⋯⋯⋯⋯⋯ 168
Put one's pants on one leg at a time ⋯⋯⋯⋯⋯⋯⋯⋯⋯⋯ 168
Put something on the back burner ⋯⋯⋯⋯⋯⋯⋯⋯⋯⋯ 170
Put that in one's pipe and smoke it ⋯⋯⋯⋯⋯⋯⋯⋯⋯⋯ 170
Put the finishing touches (on something) ⋯⋯⋯⋯⋯⋯⋯⋯⋯⋯ 170
Put two and two together and make five ⋯⋯⋯⋯⋯⋯⋯⋯⋯⋯ 170
Put two and two together ⋯⋯⋯⋯⋯⋯⋯⋯⋯⋯ 172
[R] Rain cats and dogs ⋯⋯⋯⋯⋯⋯⋯⋯⋯⋯ 174
Rainbow's end, the ⋯⋯⋯⋯⋯⋯⋯⋯⋯⋯ 174
Rank and file, the ⋯⋯⋯⋯⋯⋯⋯⋯⋯⋯ 174
Reality check, a ⋯⋯⋯⋯⋯⋯⋯⋯⋯⋯ 174
Recipe for disaster, a ⋯⋯⋯⋯⋯⋯⋯⋯⋯⋯ 176
Red flag, a ⋯⋯⋯⋯⋯⋯⋯⋯⋯⋯ 176
Red herring, a ⋯⋯⋯⋯⋯⋯⋯⋯⋯⋯ 176
Red tape ⋯⋯⋯⋯⋯⋯⋯⋯⋯⋯ 176
Rest is history, the ⋯⋯⋯⋯⋯⋯⋯⋯⋯⋯ 178
Ring a bell ⋯⋯⋯⋯⋯⋯⋯⋯⋯⋯ 178
Rise and shine ⋯⋯⋯⋯⋯⋯⋯⋯⋯⋯ 178
Rock the boat ⋯⋯⋯⋯⋯⋯⋯⋯⋯⋯ 178
Roll in the aisles ⋯⋯⋯⋯⋯⋯⋯⋯⋯⋯ 180
Run in the family ⋯⋯⋯⋯⋯⋯⋯⋯⋯⋯ 180
[S] Security blanket, a ⋯⋯⋯⋯⋯⋯⋯⋯⋯⋯ 182
See eye to eye ⋯⋯⋯⋯⋯⋯⋯⋯⋯⋯ 182
Sell like hot cakes ⋯⋯⋯⋯⋯⋯⋯⋯⋯⋯ 182
Sell someone down the river ⋯⋯⋯⋯⋯⋯⋯⋯⋯⋯ 182
Separate the sheep from the goats ⋯⋯⋯⋯⋯⋯⋯⋯⋯⋯ 184
Shoot the breeze ⋯⋯⋯⋯⋯⋯⋯⋯⋯⋯ 184
Shot in the dark, a ⋯⋯⋯⋯⋯⋯⋯⋯⋯⋯ 184
Show one's true colors ⋯⋯⋯⋯⋯⋯⋯⋯⋯⋯ 184
Silver lining, a ⋯⋯⋯⋯⋯⋯⋯⋯⋯⋯ 186

Sing a different song [tune] 186
Sit on the fence 186
Six of one, half a dozen of the other 186
Skating on thin ice 188
Skeleton in someone's closet, a 188
Sky is the limit, the 188
Sleep like a log [rock, top] 188
Slip on a banana skin 190
Smell a rat 190
Smoke and mirrors 190
Smoking gun, a 190
Someone's eyes are bigger than their stomach. 192
Someone's legs turn to jelly. 192
Song and dance, a 192
Sour grapes 192
Spill the beans 194
Square peg in a round hole, a 194
Squeaky clean 194
Start off on the wrong foot 194
Steal a march 196
Step on the gas 196
Straight from the horse's mouth 196
Stumbling block, a 196
[T]   Take a chill pill 198
Take someone to the cleaners 198
Take something with a grain of salt 198
Take the bull by the horns 198
Take the weight off your feet 200
Talk the talk and walk the walk 200
Talk through one's hat 200
Talk turkey 200
That makes two of us. 202
That will be the day. 202
That's the way the ball bounces. 202
There's no free lunch. 202
There's not enough room to swing a cat. 204
There's safety in numbers. 204
Throw the baby out with the bath water 204
Tickle someone's funny bone 204
Tie up loose ends 206
To beat the band 206
To the bitter end 206
Toe the line 206
Too many cooks 208
Turn over a new leaf 208
Turn the tables (on someone) 208
[U]   Under the knife 210
Under the weather 210

University of life, the 210
Until the cows come home 210
Up the creek without a paddle 212
[V] Vote with one's feet 214
[W] Wait on someone hand and foot 216
Wake up and smell the coffee 216
Walk in the park, a 216
Wash one's dirty linen in public 216
Wear the pants 218
Weather the storm 218
Wet blanket, a 218
What planet is someone on? 218
What's cooking? 220
What's the damage? 220
Wheels within wheels 220
When pigs fly 220
Where's the beef? 222
Where's the fire? 222
Whistle in the dark 222
White elephant, a 222
Whole new ball game, a 224
Whole nine yards, the 224
Wiggle room 224
Win hands down 224
With flying colors 226
Without rhyme or reason 226
Won't break the bank 226
World is someone's oyster, the 226
Wow factor, a [the] 228
Writing on the wall, the 228

主要語句 INDEX

A

accident
Accident waiting to happen, an ·········· 8

ace
Ace in the hole, an ·················· 8

age
Act one's age, and not one's shoe size ··· 8

aisle
Roll in the aisles ·················· 180

albatross
Albatross around someone's neck, an   10

alphabet
Alphabet soup ·················· 10

apple
Apple never falls far from the tree, the   12
Apple of someone's eye, the ·········· 12
Bad apple, a ·················· 20

arm
Arm and a leg, an ·················· 14
Armed to the teeth ·················· 14

armchair
Armchair critic, an ·················· 14

armor
Knight in shining armor, a ·········· 116

ax
Get the ax ·················· 76
Have an ax to grind ·················· 88

B

baby
Throw the baby out with the bath water   204

back
Back to square one ·················· 20
Like water off a duck's back ·········· 126

Monkey on one's back, a [the] ·········· 138
Put something on the back burner ····· 170

bacon
Bring home the bacon ·········· 30

bag
In the bag ·················· 100
Let the cat out of the bag ·········· 124

ball
Ball's in someone's court, the   20
Behind the eight ball   24
Carry the ball   42
Drop the ball   56
Have a ball   84
Not need a crystal ball   144
On the ball   150
That's the way the ball bounces. ·········· 202
Whole new ball game, a ·········· 224

balloon
Go over like a lead balloon ·········· 78

ballpark
Ballpark figure, a ·················· 20

banana
Slip on a banana skin ·········· 190

band
To beat the band ·················· 206

bandwagon
Jump on the bandwagon ·········· 108

bank
Won't break the bank ·········· 226

bark
Bark up the wrong tree   22

barn
Can't hit a barn door   40

barrel
Barrel of laughs, a ·················· 22
Like shooting fish in a barrel   126
Lock, stock and barrel ·········· 128

Over a barrel ········· 154

bath
Throw the baby out with the bath water 204

bean
Spill the beans ········· 194

beat
Beat around the bush ········· 24
To beat the band ········· 206

bed
Get up on the wrong side of the bed ··· 76
No bed of roses ········· 142

beef
Where's the beef? ········· 222

beeline
Make a beeline for something ········· 132

bell
Bells and whistles ········· 26
Ring a bell ········· 178

bill
Fit the bill ········· 66
Give a (clean) bill of health ········· 76

bird
Bird in the hand, a ········· 26
Birds of a feather ········· 26
For the birds ········· 68
Little bird told me, a ········· 128

bite
Bite the bullet ········· 26
Bite the dust ········· 28

bitter
To the bitter end ········· 206

black
In black and white ········· 98

blanket
Security blanket, a ········· 182
Wet blanket, a ········· 218

block
Stumbling block, a ········· 196

blue
Once in a blue moon ········· 152

Out of the blue ········· 154

boat
In the same boat ········· 102
Miss the boat ········· 136
Rock the boat ········· 178

bolt
Nuts and bolts (of something), the ······ 146

bone
Feel something in one's bones ········· 64
Make no bones about something ········· 134
Tickle someone's funny bone ········· 204

book
In someone's book ········· 98

boot
Give someone the boot ········· 78

bounce
That's the way the ball bounces. ········· 202

bowl
In a goldfish bowl ········· 96

branch
Branch out ········· 28

brass
Get down to brass tacks ········· 74

bread
Know which side of the bread is buttered 118

breeze
Shoot the breeze ········· 184

bridge
Burn a bridge ········· 32
Cross that bridge when one comes to it ··· 48

buck
Buck stops here, the ········· 30

bucket
Bucket list, a ········· 32
Kick the bucket ········· 114

buckle
Buckle down ········· 32

bud
Nip it in the bud ········· 142

bug
Catch [be bitten by] the bug 42

bull
Cock-and-bull story, a 44
Like a bull in a china shop 124
Take the bull by the horns 198

bullet
Bite the bullet 26

burner
Put something on the back burner 170

bush
Beat around the bush 24

bushel
Hide one's light under a bushel 92

business
Monkey business 138

busman
Busman's holiday, a 34

butter
Know which side of the bread is buttered 118

butterfly
Have butterflies in one's stomach 88

button
Press the panic button 164

C

cabin
Cabin fever 38

cake
Icing on the cake, the 96
Piece of cake, a 160
Sell like hot cakes 182

call
Call it a day 38

can
Can of worms, a 38
Kick the can down the road 114

canary
Canary in a coal mine, a 40

candle
Burn the candle at both ends 32
Not hold a candle to someone 146

candy
Eye candy 60

cap
Feather in someone's cap, a 62

card
In [on] the cards 96

carpet
Call someone on the carpet 38

cat
Let the cat out of the bag 124
Rain cats and dogs 174
There's not enough room to swing a cat. 204

catch
Catch-22 (situation), a 42
Catch [be bitten by] the bug 42

cent
My two cents 140

chair
Play musical chairs 162

cheap
Cheap and cheerful 44

check
Reality check, a 174

cheerful
Cheap and cheerful 44

chicken
Like a headless chicken 124
Like chicken scratches 124

chill
Take a chill pill 198

china
Like a bull in a china shop 124

Christmas
Like turkeys voting for Christmas 126

cigar
  Close but no cigar ·················· 44

clay
  Feet of clay ······················ 64

clean
  Squeaky clean ···················· 194

cleaners
  Take someone to the cleaners ········· 198

close
  Close but no cigar ··················· 44
  Close shave, a ······················ 44

closet
  Skeleton in someone's closet, a ········ 188

cloud
  On cloud nine ······················ 148

coal
  Canary in a coal mine, a ············· 40
  Carry coals to Newcastle ············· 40

cock
  Cock-and-bull story, a ··············· 44

coffee
  Wake up and smell the coffee ········· 216

cold
  Blow hot and cold ··················· 28
  Get cold feet ······················· 74

color
  Show one's true colors ··············· 184
  With flying colors ··················· 226

cook
  Be cooking (with gas) ··············· 22
  Too many cooks ···················· 208
  What's cooking? ···················· 220

couch
  Couch potato, a ···················· 46

court
  Ball's in someone's court, the ········· 20

cow
  Until the cows come home ············ 210

cream
  Cream of the crop, the ·············· 48

creature
  Creature comforts ·················· 48

creek
  Up the creek without a paddle ········ 212

critic
  Armchair critic, an ················· 14

crocodile
  Crocodile tears ···················· 48

crook
  By hook or by crook ················ 36

crop
  Cream of the crop, the ·············· 48

crow
  As the crow flies ··················· 16

cry
  Cry for the moon ··················· 50
  Cry over spilled milk ··············· 50

crystal
  Not need a crystal ball ············· 144

cuff
  Off the cuff ······················· 148

cup
  Not someone's cup of tea ··········· 146

D

damage
  What's the damage? ··············· 220

dance
  Song and dance, a ················ 192

dark
  Shot in the dark, a ··············· 184
  Whistle in the dark ·············· 222

day
  Call it a day ···················· 38
  Carry the day ··················· 42
  Make someone's day ·············· 134
  That will be the day. ············· 202

deer
  Deer [rabbit] in the headlights, a ····· 52

den
Lion's den, the ·························· 126

dice
Dice are loaded, the ················· 52
No dice ································· 142

disaster
Recipe for disaster, a················ 176

distance
Go the (full) distance·················· 80

doctor
Just what the doctor ordered ·········· 110

dog
Dog and pony show, a ················ 52
It's (a case of) the tail wagging the dog. 104
Rain cats and dogs··················· 174

done
Done and dusted ···················· 54

door
Can't hit a barn door ················ 40
Keep the wolf from the door ········· 114

dozen
Six of one, half a dozen of the other ··· 186

drain
Down the drain ······················ 54

drama
Drama queen, a ······················ 54

dream
Pipe dream, a ······················· 162

dress
Dressed to kill ······················ 56
Dress rehearsal, a ··················· 56

driver
In the driver's seat ·················· 100

drop
At the drop of a hat ·················· 16

duck
Like water off a duck's back············ 126

dust
Bite the dust ························· 28

dusted
Done and dusted ···················· 54

E

ear
Music to someone's ears ············· 140
Play (it) by ear ······················ 162

eat
Could eat a horse ···················· 46

effort
Make a last-ditch effort ············· 132

egg
Have [get]egg on one's face ·········· 90
Lay an egg ·························· 120

eight
Behind the eight ball················· 24

elbow
Elbow grease ························ 58

elephant
Elephant in the (living) room, the ····· 58
Memory like [of] an elephant, a ········ 134
White elephant, a ··················· 222

eleventh
At the eleventh hour················· 16

end
At loose ends ························ 16
At the end of one's rope ·············· 18
Burn the candle at both ends ········· 32
Get the wrong end of the stick ········ 76
Make ends meet ····················· 132
Rainbow's end, the ·················· 174
Tie up loose ends ···················· 206
To the bitter end ···················· 206

envelope
Push the envelope ··················· 166

extra
Go the extra mile ···················· 80

eye
Apple of someone's eye, the ·········· 12
Eye candy ·························· 60

Keep one's eyes peeled ·················· 112
Pull the wool over someone's eyes ······ 166
See eye to eye ·························· 182
Someone's eyes are bigger than their
    stomach. ························· 192

F

face
Face the music ························· 62
Have a face for radio··················· 84
Have [get] egg on one's face·············· 90

factor
Wow factor, a [the] ·················· 228

family
Run in the family ···················· 180

fast
Faster than you can say Jack Robinson   62

feather
Birds of a feather ···················· 26
Feather in someone's cap, a ············ 62
Feather one's nest ···················· 62

fence
Sit on the fence ····················· 186

fever
Cabin fever··························· 38

fifth
Fifth wheel, a ······················· 64

figure
Ballpark figure, a ···················· 20

file
Rank and file, the ··················· 174

finger
Have a finger in every pie·············· 84
Keep one's fingers crossed ············· 112
Put [lay] one's finger on something···· 168

finishing
Put the finishing touches (on something) 170

fire
Have a lot of irons in the fire ·········· 86

Where's the fire? ·················· 222

fish
Another kettle of fish ··············· 12
Have bigger fish to fry ·············· 88
Like shooting fish in a barrel ········· 126

five
Put two and two together and make five   170

flag
Red flag, a ······················· 176

fly
Fly in the ointment, a ··············· 66
Fly off the handle ·················· 66
Fly on the wall, a ·················· 68
On the fly ························ 150
When pigs fly ····················· 220

foot
Feet of clay······················· 64
Get cold feet ····················· 74
Have two left feet ·················· 90
Put one's foot in it ················· 168
Start off on the wrong foot ·········· 194
Take the weight off your feet ········ 200
Vote with one's feet ················ 214
Wait on someone hand and foot ······· 216

forty
Forty winks ······················· 68

free
There's no free lunch. ·············· 202

frog
Have a frog in one's throat ··········· 86

fruit
Low-hanging fruit ················· 130

fry
Have bigger fish to fry ·············· 88

funny
Tickle someone's funny bone ········· 204

furniture
Part of the furniture ··············· 158

G

game
Game-changer, a 72
Play a waiting game 162
Whole new ball game, a 224

garden
Garden-variety 72
Lead someone down [up] the garden path 122

gas
Step on the gas 196

goat
Get someone's goat 74
Separate the sheep from the goats 184

goldfish
In a goldfish bowl 96

goods
Deliver the goods 52

goose
Cook someone's goose 46

grain
Go against the grain (with someone) ... 78
Take something with a grain of salt ... 198

grape
Sour grapes 192

grapevine
Hear about something through the grapevine 92

grasp
Grasp at straws 80

grease
Elbow grease 58

Greek
It's all Greek to me. 104

green
Have a green thumb 86

grind
Have an ax to grind 88

grindstone
Keep one's nose to the grindstone 112

guest
Be my guest 24

gun
Smoking gun, a 190

H

hair
Let one's hair down 122

hand
Bird in the hand, a 26
Hand to mouth 84
Wait on someone hand and foot 216
Win hands down 224

handle
Fly off the handle 66

hat
At the drop of a hat 16
Eat one's hat 58
Keep something under one's hat 112
Pass the hat (around) 158
Pull a rabbit out of the hat 166
Talk through one's hat 200

hatch
Batten down the hatches 22

hatchet
Bury the hatchet 34

hay
Hit the hay [sack] 94

head
Bury one's head in the sand 34
Can't make heads or tails of something 40
Heads or tails 90
Hit the nail on the head 94

health
Give a (clean) bill of health 76

hear
Hear about something through the grapevine 92

heel
Kick up one's heels 116

herring
Red herring, a ································· 176

hill
Over the hill ································· 154

history
Rest is history, the ························ 178

hole
Ace in the hole, an ························· 8
Down a [the] rabbit hole ··············· 54
Square peg in a round hole, a ········· 194

holiday
Busman's holiday, a ······················ 34

home
Bring home the bacon ·················· 30
Until the cows come home ············ 210

hook
By hook or by crook ····················· 36

horn
Blow [toot] one's own horn ··········· 28
Take the bull by the horns ············ 198

horse
Could eat a horse ························· 46
Hold your horses! ························ 94
Straight from the horse's mouth ······ 196

hot
Blow hot and cold ······················· 28
Sell like hot cakes ······················· 182

hour
At the eleventh hour····················· 16

house
Bring down the house ··················· 30

I

ice
Break the ice ······························· 30
Skating on thin ice······················· 188

icing
Icing on the cake, the ·················· 96

ill
It's an ill wind. ··························· 106

ins
Ins and outs, the ························· 102

iron
Have a lot of irons in the fire ········· 86

J

Jack
Faster than you can say Jack Robinson 62

jazz
Jazz something up························ 108

jelly
Someone's legs turn to jelly. ·········· 192

Joneses
Keep up with the Joneses ·············· 114

jury
Jury is (still) out, the ··················· 110

K

kettle
Another kettle of fish ··················· 12
Pot calling the kettle black, the ······· 164

kick
Get a kick out of something············ 72
Kick the bucket ·························· 114
Kick the tires ····························· 116
Kick up one's heels ····················· 116

kill
Dressed to kill ···························· 56

knee
Knee-jerk reaction, a ··················· 116

knife
Under the knife ··························· 210

knight
Knight in shining armor, a ············· 116

knock
Knock someone's socks off ············ 118

know
Know the ropes ······················· 118

L

labor
Labor of love, a ····················· 120

lamb
In two shakes (of a lamb's tail) ·········· 102

land
In La-La land ·························· 98

laugh
Barrel of laughs, a ···················· 22

laundry
Laundry list of something, a ············ 120

lead
Go over like a lead balloon ············ 78

leaf
Turn over a new leaf ················· 208

league
Not in the same league ··············· 144

left
Have two left feet ···················· 90

leg
Arm and a leg, an ···················· 14
Pull someone's leg ·················· 166
Put one's pants on one leg at a time ··· 168
Someone's legs turn to jelly. ·········· 192

leopard
Leopard can't change its spots, a ········ 122

life
University of life, the ················ 210

light
Hide one's light under a bushel ········ 92

limelight
In the limelight ····················· 100

limit
Sky is the limit, the ················· 188

line
Toe the line ························· 206

linen
Wash one's dirty linen in public ········ 216

lining
Silver lining, a ····················· 186

lion
Lion's den, the ····················· 126

lip
Lip service ························· 128

list
Bucket list, a ······················ 32
Laundry list of something, a ··········· 120

lock
Lock, stock and barrel ··············· 128

log
Sleep like a log [rock, top] ············ 188

loose
At loose ends ······················ 16
Tie up loose ends ··················· 206

love
Labor of love, a ···················· 120

lump
Feel a lump in one's throat ············ 64

lunch
There's no free lunch. ··············· 202

M

march
Steal a march ······················ 196

memory
Memory like [of] an elephant, a ········· 134

MIA
MIA ····························· 134

Mickey Mouse
Mickey Mouse ····················· 136

middle
In the middle of nowhere ················· 100

midnight
Burn the midnight oil ·················· 34

mile
Go the extra mile ················· 80
Miles away ························· 136

milk
Cry over spilled milk ················· 50

mirror
Smoke and mirrors ··············· 190

miss
Miss the boat ························ 136

molehill
Make a mountain out of a molehill ····· 132

Monday
Monday morning quarterback, a ······ 138

monkey
Monkey business ················ 138
Monkey on one's back, a [the] ········· 138

moon
Cry for the moon ················ 50
Once in a blue moon ················ 152
Over the moon ···················· 154

mother
Mother of all somethings, the ··········· 138

mountain
Make a mountain out of a molehill ····· 132

mouth
Hand to mouth ···················· 84
Straight from the horse's mouth ········ 196

music
Face the music ················· 62
Music to someone's ears ················ 140

musical
Play musical chairs ··············· 162

mustard
Cut the mustard ···················· 50

N

nail
Hit the nail on the head ··············· 94

neck
Albatross around someone's neck, an   10

needle
On pins and needles ················· 150

nest
Feather one's nest ························ 62

nine
On cloud nine ······················· 148
Whole nine yards, the ··············· 224

nip
Nip it in the bud ···················· 142

nose
Keep one's nose to the grindstone ······· 112
Pay through the nose ················ 158

nowhere
In the middle of nowhere ················ 100

number
There's safety in numbers. ············· 204

nut
From soup to nuts ················· 70
Nuts and bolts (of something), the ······ 146

nutshell
Put it in a nutshell ···························· 168

O

oil
Burn the midnight oil ················ 34

ointment
Fly in the ointment, a ················· 66

onion
Know one's onions ················ 118

outs
Ins and outs, the ················· 102

oyster
World is someone's oyster, the ········ 226

P

P
Mind one's P's and Q's ················ 136

pack
Packed like sardines ················ 156

paddle
Up the creek without a paddle ········ 212

page
On the same page ················ 152

panic
Press the panic button ············· 164

pants
Fly by the seat of one's pants ········· 66
Put one's pants on one leg at a time ··· 168
Wear the pants ·················· 218

parachute
Parachute into ·················· 156

park
Walk in the park, a ··············· 216

path
Lead someone down [up] the garden path 122

peg
Square peg in a round hole, a ········· 194

pick
Pick up the tab ················· 158

picnic
No picnic ······················ 142

pie
Eat humble pie ················ 58
Have a finger in every pie ············ 84
Pie in the sky ·················· 160

pig
Buy a pig in a poke ··············· 36
Guinea pig, a ··················· 82
When pigs fly ··················· 220

pill
Take a chill pill ················· 198

pin
On pins and needles ·············· 150

pink
Pink slip, a ···················· 160

pipe
Pipe down ···················· 160
Pipe dream, a ·················· 162
Put that in one's pipe and smoke it ····· 170

pipeline
In the pipeline ················· 102

planet
What planet is someone on? ········· 218

plate
Have a lot on one's plate ············ 86

play
Play (it) by ear ················· 162

poke
Buy a pig in a poke··············· 36

pole
Poles apart ···················· 164

pond
Across the pond·················· 8

pony
Dog and pony show, a ············· 52

pot
Pot calling the kettle black, the ······· 164

potato
Couch potato, a ················· 46
Hot potato, a ··················· 94

proof
Proof of the pudding is in the eating, the 164

public
Wash one's dirty linen in public ······· 216

pudding
Proof of the pudding is in the eating, the 164

put
Put it in a nutshell ··············· 168

Q

Q
Mind one's P's and Q's · · · · · · · · · · · · · · · 136

quarterback
Monday morning quarterback, a · · · · · 138

queen
Drama queen, a · 54

R

rabbit
Deer [rabbit] in the headlights, a · · · · · · 52
Down a [the] rabbit hole · · · · · · · · · · · · · · 54
Pull a rabbit out of the hat · · · · · · · · · · · 166

radio
Have a face for radio · · · · · · · · · · · · · · · · · 84

rainbow
Rainbow's end, the · · · · · · · · · · · · · · · · · · 174

rank
Rank and file, the · · · · · · · · · · · · · · · · · · · 174

rat
Pack rat, a · 156
Smell a rat · 190

reality
Reality check, a · 174

reason
Without rhyme or reason · · · · · · · · · · · · · 226

recipe
Recipe for disaster, a · · · · · · · · · · · · · · · · 176

red
Paint the town red · · · · · · · · · · · · · · · · · · 156
Red flag, a · 176
Red herring, a · 176
Red tape · 176

rehearsal
Dress rehearsal, a · · · · · · · · · · · · · · · · · · · 56

rest
Rest is history, the · · · · · · · · · · · · · · · · · · 178

rhyme
Without rhyme or reason · · · · · · · · · · · · · 226

ring
Ring a bell · 178

rise
Rise and shine · 178

river
Sell someone down the river · · · · · · · · · · 182

road
Kick the can down the road · · · · · · · · · · · 114

rocket
It doesn't take a rocket scientist to do
something. · 104

roll
On a roll · 148

room
Elephant in the (living) room, the · · · · · 58
There's not enough room to swing a cat. 204
Wiggle room · 224

rope
At the end of one's rope · · · · · · · · · · · · · · 18
Know the ropes · 118

rose
No bed of roses · 142

rule
As a rule of thumb · · · · · · · · · · · · · · · · · · · 14

S

sack
Hit the hay [sack] · 94

safety
There's safety in numbers. · · · · · · · · · · · · 204

salt
Take something with a grain of salt · · · 198

sand
Bury one's head in the sand · · · · · · · · · · · 34

sardine
Packed like sardines · · · · · · · · · · · · · · · · · 156

scientist
  It doesn't take a rocket scientist to do
    something. ··········· 104

scot-free
  Get off scot-free ············· 74

scratch
  From scratch ················· 68
  Like chicken scratches ············· 124

sea
  All at sea ················· 10

seat
  Fly by the seat of one's pants ·········· 66
  In the driver's seat ··········· 100

security
  Security blanket, a ············· 182

sell
  Sell someone down the river ··········· 182

service
  Lip service ················· 128

shake
  In two shakes (of a lamb's tail) ·········· 102

shape
  Get bent out of shape ·········· 72

shark
  Jump the shark ············· 108

shave
  Close shave, a ················· 44

sheep
  Separate the sheep from the goats ····· 184

shine
  Rise and shine ··········· 178

ship
  Jump ship ················· 108

shoe
  Act one's age, and not one's shoe size ··· 8
  If the shoe fits, wear it. ··········· 96

shoot
  Shoot the breeze ··········· 184
  Shot in the dark, a ··········· 184

shot
  Long shot, a ··········· 128

side
  Get up on the wrong side of the bed ··· 76

silver
  Silver lining, a ··········· 186

sing
  Sing a different song [tune] ··········· 186

sit
  Sit on the fence ··········· 186

six
  Six of one, half a dozen of the other ··· 186

skate
  Skating on thin ice ··········· 188

skeleton
  Skeleton in someone's closet, a ········· 188

skin
  By the skin of one's teeth ··········· 36
  Slip on a banana skin ··········· 190

sky
  Pie in the sky ··········· 160
  Sky is the limit, the ··········· 188

sleep
  Sleep like a log [rock, top] ··········· 188

slice
  Any way you slice it ··········· 12

slip
  Pink slip, a ··········· 160

smell
  Wake up and smell the coffee ··········· 216

smoke
  Put that in one's pipe and smoke it ······ 170
  Smoke and mirrors ··········· 190

soapbox
  On one's soapbox ··········· 148

socks
  Knock someone's socks off ··········· 118

song
Sing a different song [tune] 186
Song and dance, a 192

soup
Alphabet soup 10
From soup to nuts 70

sour
Sour grapes 192

spade
In spades 98

spot
Leopard can't change its spots, a 122

square
Back to square one 20
Square peg in a round hole, a 194

step
Step on the gas 196

stick
Get the wrong end of the stick 76

stitch
Have someone in stitche 90

stock
Lock, stock and barrel 128

stomach
Have butterflies in one's stomach 88
Someone's eyes are bigger than their
    stomach. 192

stone
Leave no stone unturned 122

storm
Weather the storm 218

straw
Draw the short straw 56
Grasp at straws 80
Last straw, the 120

stride
Hit one's stride 92

T

tab
Pick up the tab 158

table
Turn the tables (on someone) 208

tack
Get down to brass tacks 74

tail
Can't make heads or tails of something 40
Heads or tails 90
It's (a case of) the tail wagging the dog. 104
On someone's tail 150

talk
Talk the talk and walk the walk 200
Talk through one's hat 200
Talk turkey 200

tango
It takes two to tango. 104

tape
Red tape 176

tea
Not someone's cup of tea 146

tear
Crocodile tears 48

thin
Skating on thin ice 188

throat
Feel a lump in one's throat 64
Have a frog in one's throat 86

thumb
All thumbs 10
As a rule of thumb 14
Give something a thumbs-up 78
Have a green thumb 86

tickle
Tickle someone's funny bone 204

time
Have a whale of time 88

tip
On the tip of someone's tongue ········ 152

tire
Kick the tires ································ 116

toe
Toe the line ································· 206

tongue
On the tip of someone's tongue ········ 152

tooth
Armed to the teeth ···················· 14
By the skin of one's teeth ············· 36
Cut one's teeth (on something) ········ 50

totem pole
Low man on the totem pole, (the) ······ 130

touch
Put the finishing touches (on something) 170

town
Go to town (on something) ············· 80
Paint the town red ····················· 156

train
Gravy train, the ························· 82

tree
Apple never falls far from the tree, the 12
Bark up the wrong tree ················ 22

true
Show one's true colors ················· 184

tune
Sing a different song [tune] ············ 186

turkey
Like turkeys voting for Christmas ······ 126
Talk turkey ······························· 200

twenty
Hindsight is twenty-twenty ············· 92

two
In two shakes (of a lamb's tail) ········· 102
It takes two to tango. ·················· 104
My two cents ···························· 140
Put two and two together ············· 172
Put two and two together and make five
································· 170

That makes two of us. ·············· 202

U

university
University of life, the ············· 210

W

wagon
On the wagon ···················· 152

walk
Talk the talk and walk the walk ········ 200
Walk in the park, a ···················· 216

wall
Fly on the wall, a ····················· 68
Writing on the wall, the ··············· 228

water
Like water off a duck's back··········· 126
Throw the baby out with the bath water 204

way
Any way you slice it. ·················· 12

wear
If the shoe fits, wear it. ··············· 96
Wear the pants ························ 218

weather
Under the weather ···················· 210
Weather the storm ···················· 218

weight
Take the weight off your feet ·········· 200

wet
Wet blanket, a ······················· 218

whale
Have a whale of time ················· 88

wheel
Behind [at] the wheel ················· 24
Fifth wheel, a ························· 64
Wheels within wheels ················· 220

whistle
Bells and whistles ···················· 26

Whistle in the dark 222

white
In black and white 98
White elephant, a 222

whole
Whole new ball game, a 224
Whole nine yards, the 224

wiggle
Wiggle room 224

wind
It's an ill wind. 106

wink
Forty winks 68

wolf
Keep the wolf from the door 114

wood
Not out of the woods yet 144

woodwork
Come out of the woodwork 46

wool
Pull the wool over someone's eyes 166

word
From the word go 70

world
World is someone's oyster, the 226

worm
Can of worms, a 38

wow
Wow factor, a [the] 228

writing
Writing on the wall, the 228

wrong
Get the wrong end of the stick 76
Get up on the wrong side of the bed ... 76
Start off on the wrong foot 194

Y

yard
Whole nine yards, the 224

著者紹介

大喜多 喜夫 （おおきた・よしお）

高等学校英語科教諭、大阪府科学教育センター（現大阪府教育センター）指導主事兼研究員を経て、関西学院大学教授。テンプル大学大学院修士課程修了。著書として『英語教員のための応用言語学』（昭和堂 2000）、『英語教員のための授業活動とその分析』（昭和堂 2004）、*To Learn How to Teach English: With Practical Classroom Activities*（関西学院大学出版会 2015）などがある。

関西学院大学研究叢書　第 217 編

使って楽しい英語イディオム 400 選
由来と用例

2020 年 3 月 31 日初版第一刷発行

著　者　　大喜多 喜夫

発行者　　田村和彦
発行所　　関西学院大学出版会
所在地　　〒 662-0891
　　　　　兵庫県西宮市上ケ原一番町 1-155
電　話　　0798-53-7002

イラスト　オオヒラ 航多
印　刷　　株式会社クイックス